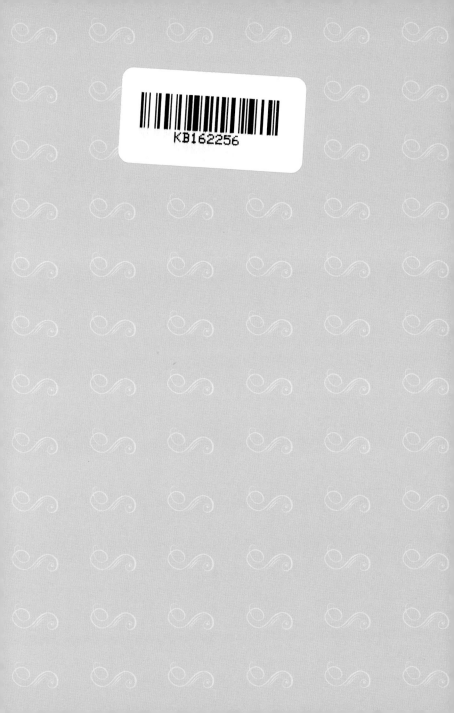

雅蘇
【야소】
수상집 *1*

아리랑 고개를 넘어간다

이영숙 지음

도서출판
로기아

2016년 08월 25일 초판 발행

지은이 이영숙
펴낸이 배수현
디자인 유재헌
홍 보 배성령
제 작 송재호
펴낸곳 도서출판 로기아
출판등록 제2016-000005호
공급처 가나북스 www.gnbooks.co.kr
전 화 031-408-8811代
팩 스 031-501-8811

ISBN 979-11-957425-2-3 03330

세상은 날마다 달라져 가고 있다.

우리가 알게 모르게 달라져가고 있다. 내가 누구인지조차 모
를 정도로 달라져가고 있다. 많이 많이 달라져 버렸다. 잊어버
릴 정도로 달라져 버렸다. 세상이 달라진 것이 아니라 내가 달
라져서 모든 것들이 다 달라진 것 같다. 나도 모르는 사이에 따
라서 가다 보니까 내가 생각하는 나는 없어지고, 내가 알 수 없
는 내가 되어버릴 정도로 달라져 버렸다.

발전發展, Development, Growth 해야 할 내가 진화進化, Evolution해 버
렸음인가? 우리가 잘 쓰는 언어까지도 발전이라는 말조차 없어
져 버렸고, 진화라는 말로 통일되어 버렸다. 사람들이 즐겨 쓰
는 말까지 달라져 버렸으니, 나도 말을 하는 사람이기 때문에
달라졌다는 것일까? 머리가 돌아버릴 정도로 달라져 버린 세상
이야기들을 주워 모아 보려고 한다. 그런 이야기들을 모아 써
보려고 한다. 글재주가 아닌 나의 말로 말이다. 글을 통해서 달
라져 버린 사람들과 함께 이야기를 해보려고 한다. 달라져 버
린 것들에 대한 나의 말을 하면, 달라져버린 것들에 대한 다른
사람들의 말을 들을 것이라는 생각에서 내가 할 수 있는 표현의
방식으로 글을 쓴다.

내가 생각하고, 내가 말하는 그 다음에는 다른 사람들의 생각과 말씀이 있을 것이라는 생각에서 글을 쓰려고 한다. 우리 모두 함께 달라짐에 대한 뜻을 모아보려고 이 글을 쓴다. 다른 사람들의 말씀을 들어보기 위해서 이 글을 쓴다. 나는 달라짐에 대한 자신을 생각하면서 몸부림을 치고 있지만, 다른 사람들도 그런지를 알고 싶어서 잘 못 쓰는 글재주를 끄집어내서 부끄러운 글을 쓰려고 한다. 그리고 내가 볼 때에 무엇이 어떻게 달라졌으며, 달라지고 있는가를 살펴서 함께 시비是非를 하고 싶은 마음으로 이 글을 쓴다. "나는 이렇게 생각한다."라고 하는 말을 써 보았다.

"이래서는 안 될 것인데?"라는 말을 글로 씨 보았다.

부끄러움을 접어두고 실례의 말로 양해를 구한다.

이영숙

제 **1** 장

자연이 울면서
병病 들어가고 있다

자연自然이 울면서 병들어가고 있다.

이를 살피고 가꾸면서 함께 살아가야 할 사람들이 이를 외면하고 있다.

말로만 자연을 말하고, 환경環境을 말하는 사람들 때문에 대 자연은 울다가 힘이 빠지고 지쳐서 이제는 시들시들 병 들어서 죽어가고 있다.

그런데도 사람들은 이를 외면하고 있다.

말로는 경제經濟를 말하고, 돈을 자랑하고, 행복을 말하지만 이들을 지켜줄 대 자연은 울면서 병들어가고 있고, 죽음의 문턱에까지 다다르고 있다. 사람들이 살펴주지 않고, 팽개쳐 버리기 때문에 병 들어 시들시들 죽어가고 있다.

마지막으로 말라붙은 눈물 자욱을 보여주면서, "제발 살려 달라"라고 몸부림을 치면서 죽어가고 있다.

자연이 병들면 사람도 병들게 되고, 자연이 죽으면 사람도 죽을 것이라는 절규의 말을 내어뱉으면서 꺼져가고 있다.

이를 다시 살려 내자. 자연을 치료해 내자.

이것이 살 길이요, 삶의 방법이다.

길가에 가로수를 심었으면 이를 잘 가꾸어야 한다. 심었던 정성이 아깝지 않는가? 목이 말라서 시들어지고, 영양이 부족하여 죽어가고 있는데도 이를 외면해 버리고 있다. 행정부처는 좀 더 정성을 드려서 가로수를 심어야 하고 가꾸어야 하고, 돌보아야 한다.

1

개나리꽃이 핀 사이로
차를 몰고 가면서

차, 차, 차, 차들 사이로 나도 차를 몰고 간다.

자동차를 몰고 달려가면서도, "차들이 너무 많은데 이를 어떻게 하면 될 것인가?"라는 말로 칭얼거리면서 열심히 차를 몰고 간다.

신호등信號燈이 내 차를 가로막고 세웠을 때에야 머리를 돌려서 가로수街路樹가 심어져 있는 언덕으로 눈길을 돌린다.

어김없이 반겨주는 개나리꽃이 만발한 거리의 모습을 본다.

"참으로 예쁘게 피었구나"라고 중얼거리기도 전에, "아...,! 개나리꽃이 병들어서 죽어가고 있구나"하는 불길한 마음이 가슴을 뭉클하게 때린다.

햇빛을 받아서 밝고 깨끗하게 싱싱해야 할 개나리꽃들이, 죽어가는 사람의 시체屍體처럼 힘없이 사색死色으로 꺼져가고 있지를 않는가?

아름다움의 작태는 어디로 가고, 병색病色만을 내어뿜으면서 울고 있다.

너도 살고, 나도 살고, 모두 함께 살아가야 할 세상에서, 사람들의 허영과 욕심으로 자연은 이미 병들어 죽어가고 있다는 비명의 소리를 절규하면서 개나리꽃들이 울고 있다. 소리 없이 슬프게 울고만 있다. 이를 어찌해야 할 것인가?

한강漢江의 기적이라고 뽐내면서 일구어 놓은 한강변의 언덕 길을 타고, 정성껏 심어둔 개나리꽃들이, 새 봄을 맞이하여 활짝 피어있다. 언덕이 좁다하고 만발해 있다. 길게 늘어선 한강변의 언덕 길을 금색金色으로 노랗게 물들어 놓고 있다.

그러나 차에서 내어뿜는 매연가스와, 공중에서 날아오는 미세 먼지와, 게다가 못된 사람들이 입에서 내어 뱉어대는 담배

연기와, 사람들의 콧김으로 내어 뿜는 입김의 독소를 견디다 못해서 아름다움을 빼앗기고 병들어 울면서 죽어가고 있다.

채 피어나기도 전에 병들어서 죽어가고 있다.

죽어가는 개나리꽃을 즐기면서, 꽃들 사이로 파고들어서 사진을 찍어대는 사람, 사람, 사람들은 행복하게 보인다. 자연의 소리를 듣지 못하고, 개나리의 슬픔을 알지 못하고, 자기만족에 취해서 살아가니까 말이다. 자기만족을 위해서는 다른 사람도 없고, 자연도 없다는 말인가? 뭐 사람이 살아간다는 것 별 것 있겠는가마는 자손을 생각하고, 미래를 위한다면 그렇게 만은 할 수가 없다는 것을 모르고 있음인가? 더불어 살아감의 뜻은 사람과 사람들이 얽히고 설켜서 함께 살아감이요, 자연과 더불어서 살아감이 아닌가?

나만 좋으면 된다는 식의 이기주의利己主義도 안 되고, 사람만 좋으면 그만 이라는 생각도 안 된다는 것을 왜 모를까?

내가 더 행복해 지기 위해서는 남도 함께 행복해야 하고, 나와, 너와, 그가 모두 함께 행복하기 위해서는 자연도 같이 행복해야 한다는 것을 왜 외면해 버리는가?

개나리꽃의 원 모습을 살려내야 한다. 죽어가는 생태계의 병을 고쳐줘야 한다. 그리고 개나리꽃과 같이 웃고, 더불어 즐기고, 같이 행복을 누려야 한다.

어쩌다가 쏟아지는 소낙비가 내린 다음 개나리꽃은 활짝 웃지를 않는가?

그러나 그것도 잠간일 뿐, 또 고개를 푹 숙이고, 시들시들 죽어가는 모습을 왜 외면하는 것일까? 돌보면 된다는 것을 말함이 아닌가?

서울 거리의 개나리꽃들과 함께 웃어야 한다. 한강변의 개나리꽃과 더불어 행복해야 한다. 삼천리금수강산三千里錦繡江山 방방곡곡에 피어있는 개나리꽃의 웃음소리가 세계에 들리게 해야 한다. 그리고 개나리꽃들과 함께 상춘賞春의 꽃 잔치를 베풀어야 한다. 개나리꽃과 함께 누리는 행복이 참 행복일 것이다.

개나리꽃을 찾은 사람들의 마음을 더 예쁘고 아름답게 피워 드리고 싶다.

2

봄은 산란기産卵期인데?

새 봄이 왔다.

새 봄이 지루한 겨울잠에서 깨어나서 기지개를 켠다.

산에서, 들에서, 바다에서, 하늘에서 기지개를 키며 잠꼬대에서 깨어난다.

누구의 명령에서인지, 누구와의 약속에서인지는 몰라도 모두가 산란産卵의 준비를 한다. 암수가 얽혀서 사랑을 속삭인다.

사람들보다 더 뜨겁고 강하게 자연自然들이 연애를 한다. 잔풀도 연애를 하고, 꽃망울도 짝을 불러들이고, 금수곤충禽獸昆蟲에 이르기까지 짝을 찾아서 사랑을 속삭인다.

이 산과 저 산에서 뻐꾸기 새들이 자기의 짝을 부르는 노래를 부른다. 산란기産卵期가 되었으니 짝 짓기를 하자고 암컷은 수컷을 부르고, 수컷은 암컷을 부르는 노래를 부른다. "뻑꾹뻑꾹"하고.

오랜 겨울철의 잠 고대에서 깨어난 개구리들도 짝을 부르는 노래를 한다.

함께 살아가기 위해서 노래를 부른다. 끊어지지 않는 번식繁殖을 위해서 산란의 준비를 해야 한다고 노래를 부른다. "개굴개굴"하고.

이것이 창조創造의 질서요 법칙이라고 들리지 않는 웅변雄辯을 토하면서 짝을 맞을 준비를 한다.

그런데……,? 또 그런데……,?

사람들이 이 자연의 질서와 법칙을 짓밟고 산란기를 파괴해 버린다. 그러면서 그것을 즐기고 있다. 그렇게 하는 것이 행복이라고 말한다.

산란기를 지켜주어야 할 사람들이 파괴를 하고 있다면 이를 어찌 할 것인가?

자연을 즐기면서 자연을 죽이고, 더 잘 먹어야 한다면서 먹거리를 스스로 없애버리고 있다. 왜 사람들이 이렇게 되었을까?

우리 한국 사람들이 그렇게 하고 있다. 정부에서도 이를 방관해 버린다.

자원資源이 고갈되어 간다면서도, 그 자원의 고갈枯渴을 부추기고 있다.

왜? 산란기의 고기를 잡도록 허락을 하고 있는가?

꽃게를 즐겨먹으면서 왜 알이 찬 꽃게를 잡도록 허락을 하고 있는가?

농사農事를 짓는 뜻은 먹고살기 위함이다. 먹고 살기 위해서, 농사를 짓기 위해서는 씨앗을 소중하게 간직해야 한다. 아무리 먹을 것이 다하고, 배가 고플 찌라도 씨앗만은 소중하게 간직하여 남겨둔다.

곡식穀食만이 아니라, 사람들이 먹고 살아가기 위한 모든 것들은 식물이나 동물이나 더 많은 것을 얻기 위해서 더 잘 살펴주고 더 잘 가꾸어야 한다.

그런데도 왜 그 참뜻을 산에나, 바다나, 하늘에는 지키지 않는가?

자연自然은 더 소중하게 가꾸어줄수록 더 많은 것을 우리 인간들에게 공급해 준다는 것을 모르는 이 없을 것이다. 우리 정부의 사람들도 알고 있을 것이다.

알면서도 지키지 않고 방치해 둔다. 언제까지 이렇게 살아갈 것인가?

내가 하나 밖에 없고 둘이 아닌 것처럼, 이 지구地球도 하나일 뿐 둘이 아니다.

한 사람인 내가 소중한 것처럼, 하나밖에 없는 지구도 또한 소중하다. 그리고 이 지구 안에 있는 생명체生命體들은 서로가 도우면서 상부상조相扶相助 속에 살아가야 한다.

그런데도 우리 인간들이 이것들을 다 파괴해 버리고 있다.

인간의 잔꾀가 자연을 짓밟고 죽이고 있다.

자연 속에서 삶의 방법을 얻는 우리 인간은 한 번 더 생각하고 깨달아야 한다. 지난날의 잘 못을 반성하고 뉘우쳐야 한다. 그리고 그 잘 못을 고쳐나가야 한다.

봄은 산란기産卵期다. 산란기를 지켜주지 않으면 번식繁殖은 없다. 번식이 이루어지지 않는 한 인간들은 고갈枯渴 속에 쓰러져갈 것이 명약관하하다. 자연을 통해서 얻었으면, 얻은 만큼 또 자연에게 되돌려주는 습관을 가져야 한다. 이것이 공존共存의 법칙이요, 상생相生의 길이 될 것이다.

정부는 이를 위해서 연구하고 개발하여 국민들로 하여금 좋은 생활습관을 가지도록 해 주어야 한다. 마땅히 먼저 해야 할 것을 피하여 다른 것들만 가지고 국민들의 마음을 자연의 질서에서 멀어지게 하고, 돌아서게 하고 있다면 이는 잘 못이다. 우리 정부조직의 기구 가운데 환경부環境部가 있다. 이 환경부에서는 자연관리에 대한 것을 총감독하고, 국민들의 건강이나 위생문제에 대해서는 보건복지부保健福祉部가 맡아서 해도 될 것인데, 환경부와 보건복지부에서 하는 일들이 혼란스럽다.

봄이 되면 우선 만물이 소생蘇生하는 계절이라는 일반적인 의미 외에, 산란기産卵期라는데 역점을 두고, 번식을 위한 일에 좀 더 적극적으로 국민들을 계몽啓蒙하고 지도해야 할 것이다.

알을 품은 어패류魚貝類는 보호해야 한다. 이것이 곧 투자投資요, 생산生産이기 때문이다. 돌보지 않고 가꾸지 않은데서 얻으려고 하는 것은 잘 못된 욕심이다. 수고함이 없이는 얻을 수 없다.

봄은 산란기産卵期다. 동물動物과, 식물植物과, 어패류魚貝類와, 모든 것들이 번식을 하는 계절이다. 알을 품은 번식기에는 노획擄獲을 하지 말고 보호를 하는 것이 곧 파종播種이요, 수확收種의 수단이다.

농사를 지어먹고 살아가는 사람들에게는 다음해에 농사를 지을 준비를 해야 한다. 항상 씨앗은 소중하게 간수해야 하고, 봄이 되면 간직해 둔 씨앗을 뿌려서 정성껏 농사를 지어야 하고, 긴긴 여름날에는 땀을 흘리면서 이를 가꾸어야 하고, 가을이면 이를 아낌없이 거두어 드려야 한다. 이는 곡식에 대한 것만이 아니다.

산에도, 바다에도, 하늘에도, 땅에도, 어디에서나 우리 인간들이 먹거리로 하는 것들은 함께 도와가면서 살아야 하고, 얻은 만큼 또한 돌려주는 습관을 가져야 한다. 땅을 팠으면 다시 매꿔줘야 한다.

산에서 채취採取를 했으면 채취를 한 만큼 돌보고 살펴주므로, 그 다음의 번식이 이루어지도록 하는 것이 질서요 사람됨의 도리다. 그것을 알면서도 지키려고 하지 않은 사람들은 자신이 모르는 사이에 자연에게 죄를 짓고 있다.

산이 푸르기 때문에 우리가 맑은 공기를 마음껏 들이켜 마시면서 호흡을 한다.

하늘에서 내리는 빗물만이 아니라, 계곡溪谷을 타고 흐르는 물이나, 땅속 깊은데서 나오는 지하수地下水를 마시면서 살아가는 사람이라면, 반드시 나무도, 하늘도, 땅속 깊음도 우리가 살피고 가꾸어야 할 것이 아닌가?

그러므로 우리 정부의 재고再考 있기를 기대한다.

3

숨을 함부로 쉴 수가 없다

나는 마스크를 하지 않는다.

마스크를 하지 않은 만큼 나는 공해(公害)에서 피해를 당하고 있다.

마스크를 하면 나에게 유익하고 건강을 지키는데 도움이 된다는 것도 알고 있다.

그런데도 내가 마스크를 차지 않는 것은 나름대로 불편스럽고, 화가 나고, 불만스럽기 때문이다.

자기를 지키자는 일에 불편하면 어떻고, 왜 화가 나며, 무엇이 그렇게 불만스러워서 자기의 건강을 지켜야 할 일을 거부하느냐는 반문이 있을 것이다.

우리 인간들이 근본적으로 해야 할 일은 하지 않고, 처음부터 끝까지 임시방편으로 얼버무리고 있기 때문이다.

왜 마스크를 걸쳐야 하는가?

우선 공기空氣가 나쁘기 때문이라고 할 것이다. 왜 공기가 나쁜 것인가?

미세微細 먼지 때문에, 중국에서 날아오는 황사黃砂 때문에, 매연煤煙가스 때문에, 공장工場들에서 내어뿜는 산업연기産業煙氣 때문에, 그리고 사람들의 입과 코에서 내어 뿜는 독소毒素들 때문이라고 이유를 붙여 댄다. 그러나 마스크는 이것들을 완전히 막을 수 있는 처방이 아니다. 임시방편일 뿐이다. 그런데도 정부가 나서서 이를 적극적으로 권장하는 이유가 무엇인가? 그것이 국민들의 건강을 위한 정부의 지도력이요 통치의 방법이라고 자위한다면, 몰라도 너무 모르고 하는 말 같다. 우선 눈가림의 수단 외에 다른 뜻을 말하고 싶지 않다. 국민들이 원하는 것은 근본적인 대책이다.

국민들이 바라는 근본대책이란 원인제거原因除去의 방법이다. 그런데도 근본적인 문제는 거들떠보지도 않고, 우선 임기응변적인 눈가림의 처방만을 내어놓고, 잘 한다고 하고 있다. 이는 국민을 속임이다. 더 이상 국민들을 속이지 말고 정부가 좀 더 정직하기를 바란다.

마스크를 하지 않아도 될 수 있는 환경을 만들어야 한다. 이는 우리 정부만이 아니라, 주변의 국가들과 함께 논의하고 검토하여 힘을 합해야 한다. 여기에서 외교外交라는 문제가 나올 것이다. 우리 정부의 기구 가운데 외무부가 있고, 환경부가 있고, 보건 복지부가 있다. 이러한 우리 정부의 기구들이 진심으로 국민들을 위하고, 미래의 자손들을 위한다면 좀 더 근본적인 대책을 개발해야 할 것이라고 생각한다.

황사를 줄이기 위해서는 운하運河를 놓아야 하고, 미세먼지를 줄이기 위해서는 공해의 원인이 제거되어야 하고, 자연과 함께 살아가기 위한 상부상조相扶相助의 지혜로운 정책이 베풀어져야 한다.

우리 정부가 담배 값을 올리고, 담배 포장지에 보기에도 흉측스러운 포스타를 그려서 금연을 유도한다고 떠들어 댄다. 공기의 오염을 줄이기 위해서 경유輕油 값을 올린다고 한다. 이것은 근본적인 해결책이 아니다. 이것이 우리 정부의 정책이라면 참으로 가관스럽고 어리석은 일이다.

먼저 민주시민民主市民의 의식意識이 바로 세워져야 한다. 담배 연기가 사람의 건강에 나쁘다는 것은 세상이 다 알고 있다. 그런데도 길거리에서 함부로 담배연기를 뿜어댄다면, 이는 우리 국민들의 의식수준을 말하고, 우리 정부의 정책이 잘 못되었다는 것을 말함이다. 더구나 담뱃불로 인한 화재건수가 얼마인가? 정부의 선도善導와 규제의 방법으로 가능한 일들을 우리 정부가 방치하고 있으면서 결과만 가지고 떠들어대니 이것이 잘못이라는 말이다.

외제 승용차를 타고 가면서 차창을 열어놓고, 손가락에는 담배를 끼고, 담배재를 함부로 털면서 차를 몰고 가는 것이 정당한가? 그 다음에는 담배꽁초를 함부로 길거리에 던져 버린다. 잘 못 되어도 너무나 잘 못 되었다.

취중醉中에 하는 일이라고 하여 법으로 보호해 준다면, 좀 더 적극적인 의미에서 법으로 범죄를 합리화合理化 시켜주는 꼴이 아닌가? 그렇다면 언제쯤에 우리나라의 사회질서가 바로 세워지고, 민주시민의 의식이 정착할 수 있겠는가?

공기가 불결해서 마스크를 쓸 것이 아니라, 우리나라의 시민의식이 병들었기 때문에 이를 막기 위해서 마스크를 써야 한다.

돈은 있어야 한다. 인간이 살아가는데 가장 먼저 필요하다는 것도 알고 있다.

그러나 그에 앞서서 먼저 인간으로서 지켜야 할 도리道理가 있다. 도리를 중심으로 삶의 가치가 평가되고 삶의 지혜가 짜내져야 한다. 참으로 아쉽다.

망치기는 내가 하고, 탓은 남에게로 돌리는 어리석음이 없어져야 한다.

그 다음에 우리는 명랑사회, 행복한 삶을 노래할 수 있을 것이다.

정부의 시책도 좀 더 적극적인 의미에서 근본대책이 세워져야 하고, 국민 모두가 함께 살아가기 위한 지혜를 짜내야 한다.

나와, 너와, 그가 모두 함께 살아가는 지혜를 개발해야 하고, 하늘과, 땅과, 바다와, 나무들과, 새들과, 짐승들과, 모든 자연과 더불어서 함께 살아가는 지혜를 개발해야 하고, 인간들은 얄팍한 잔꾀를 버리고 좀 더 정직해야 한다.

사람과 사람끼리 좀 더 정직해야 하고, 자연에 대해서 더 정직해야 한다.

우리 정부도 오늘을 살기 위함 것도 중요하지만, 내일을 살아가기 위한 정책을 개발해야 한다.

자기 나라, 자기의 백성들만이 아니라, 세계의 모든 사람들이 함께 살아가기 위한 대책을 개발해야 한다.

사람들만이 아니라, 무한정한 대자연大自然과 함께 살아가기 위한 대책對策을 짜내야 한다.

공기가 나빠서 숨을 쉴 수 없을 정도가 되었다면, 우리 인간 문명의 한계限界를 들어냄이 아닌가?

우리 정부의 올바른 대책이 세워지기를 기다린다.

4

맑은 물을 마시고 싶다

　지금 우리나라는 물 값이 자동차가 달리기 위해서 필요로 한 휘발유揮發油 값보다도 더 비싸다는 것을 알고 있다.

　길거리를 활보하는 사람들에게서 물병을 차고 다니는 것을 자주 볼 수 있다.

　여행자나 등산객은 목을 축이기 위해서라고 할 것이다. 그러나 더 중요한 것은 마음 놓고 마실 물을 찾기가 어렵기 때문이다.

지금 서울 장안에서 콸콸 쏟아지는 수돗물을 정수하지 않고 그대로 마시는 사람이 몇 명이나 될까? 정수기淨水器가 없는 가정이 얼마나 될까? 우리 정부나 수자원 공사에서, 깨끗한 물이니 마음 놓고 수돗물을 마시라는 말을 하면 그대로 받아드리는 국민들이 몇 명이나 될까? 정부가 하는 일을 믿지 않는 불신의 풍조는 국민들만 탓할 것이 아니라, 정부가 한 번 더 재고 해 보아야 할 것이다.

우리 정부가 큰 틀의 정책으로 보아서는 세계의 자랑이라는 것을 알고 있다. 국민 된 자로서 자부심을 가지고, 위정자들에게 고맙다는 말을 하고 싶다.

그러나 더 자상하고 근본적인 일에는 너무도 거리가 멀다는 것을 알았을 때는 불만 보다는 불신 그대로를 받아들이고, 모르는 척 해 버린다. 참으로 안타까운 일이다.

물은 수소水素, Hydrogen 2에, 산소酸素, Oxygen 1을 합한 것이다.

그러나 물은 생명의 원천源泉이다. 사람의 영혼靈魂을 제외한 모든 생명체生命體는 물에서 발생되고 있다는 것을 알고 있다. 그래서 물은 마시는 음료수飮料水이기 이 전에 생명원生命源이다. 그렇게도 중요한 물을 마음 놓고 마실 수 수 없다면 이는 참으로 불행한 일이다.

우리나라는 이미 세계보건기구WHO에서 물 부족국가로 판정

된 나라이다. 비가 안 오고, 물이 부족해서가 아니라, 관리를 잘 못 해서 그렇게 되었다. 우리나라의 연간 강수량降水量은 수자원공사의 집계에 의하면 1년 평균 1,267억 톤 정도나 된다. 이 정도의 물이면 우리나라에서 필요로 한 물로는 얼마든지 쓰고도 남아돌게 되는데, 약 85% 이상의 물을 그대로 바다로 흘려보내버리고, 연간 약 20억톤의 물이 부족한 상태라고 한다.

그것은 국토國土가 동에서 서쪽으로 기울어져 있는데다 저수지貯水池가 부족한 탓이라는 것은 누구나 다 잘 알고 있는 사실이다.

물이 이토록 부족한데다 또 맑은 물을 마실 수 없어서 정수기를 의존하거나 사서 마셔야 하는 이유가 무엇일까? 수돗물로 상수도上水道에서 걸러져 내려 보내는 물은 1급수에 해당할찌라도, 땅속에 매설 된 수도관水道管의 파열로 인하여 불결한 오염물汚染物들이 새어 들어오고 있기 때문이다. 좋은 물을 마시고, 물부족을 타개하기 위해서 땅속 물을 끄집어내려고 파이프를 묻는다. 그러다가 물이 나오지 않으면 그 구멍을 메워야 하는데도 그대로 방치해 버린다. 이것을 폐공廢孔이라고 하는데, 지금 우리나라에 버려진 폐공이 무려 150만개에 이른다면 이것 또한 재난災難중의 재난이라고 해야 할 것인데, 이에 대해서는 우리 정부나 누구 한사람 말하는 사람이 없으니 이것 역시 큰 문제라고 생각한다.

더 이상 우리 정부나 국민들은 물에 대한 관심에서 멀어져서는 안 된다는 말을 하고 싶다. 사람이 살아가기 위해서는 첫째가 공기空氣고, 두 번째가 물이고, 세 번째가 먹거리로서의 음식물飮食物이라고 생각한다.

공기도 오염되었고, 물도 오염되었고, 그나마 물이 부족한데다 마음 놓고 마실 수가 없는데, 또 하나 우리나라의 4대 악惡 가운데 하나가 부정식품不正食品에 대한 것이라면, 이를 어떻게 해야 할 것인가?

우리 정부와 우리 국민들이 다시 처음부터 하나, 하나 풀어나가야 한다는 생각에서 이를 우리 정부에 제안한다. 그리고 우리 국민들에게 함께 더 행복하게 잘 살아가기 위한 길을 찾자고 호소한다. 이래서는 결코 안 되니까 말이다. 우리 정부에서 물은 반드시 끓여서 마시라고 권장한다. 그것은 국민의 건강을 지켜주려는 근본적인 대책일 수 없다. 이는 전염병을 극복하기 위한 임시방편에 불과 하다. 끓인 물을 식힌 다음 화분에 주었을 때나, 어항에서 놀고 있는 물고기들에게 주었을 때에 어떻게 될 것인가를 모르는 사람은 없을 것이다. 다 죽어 버린다. 그런데도 물은 반드시 끓여서 마셔야 한다고 권 할 것인가?

물을 끓여서 마실 경우 세균細菌을 죽이는 것 일뿐, 물을 통해서 오는 실리實利는 얻을 수 없다.

우리 인간의 세포막細胞膜과 물분자의 구성이 같다면, 그 뜻이 무엇인가를 생각 해 보라. 물은 섭씨 4도 이하의 냉수冷水로 마셔야 한다. 그리고 오염도汚染度가 20ppm 이하일 것을 국제보건기구國際保健機構, WHO가 권장하고 있다. 우리 인체의 자정력自淨力은 10ppm 정도로 본다.

그래서 우리는 폐공을 매워야 하고, 쓰레기를 함부로 버려서도 안 되고, 특히 음식물飮食物 찌꺼기를 함부로 버려서도 안 된다.

특히 먹을 것이 풍부하다고 해서 음식물 찌꺼기를 함부로 버리면, 자연히 바다가 오염汚染 된다. 봄이면 귀가 따가울 정도로 바다가 오염되어 녹조綠藻를 일으키거나, 홍조紅藻를 발생시킨다고 한다. 그 이유는 가정에서 흘러 보내는 음식물 찌꺼기로 인하여 바다가 부영양화富榮養化를 일으켜서 바다 물속의 산소酸素를 모두 빨아먹어 버리기 때문에, 그 지경地境의 고기들이나 어패류가 떼죽음을 당하게 된다는 것이 아닌가?

무심결에 쏟아버린 음식물 찌꺼기의 값을 친다면 연간 30조 원 이상이라고 하니, 정말 이래도 될 것인가를 반성해야 한다.

우리 국민 한 사람, 한 사람이 맑은 물을 마실 수 있도록 해야 하고, 자연을 좀 더 세심하게 돌보아야 한다.

5

자연과 함께 살아가는 지혜

세상에 있는 존재를 모두 합해서 자연自然이라고 한다면, 이 자연을 떠나서는 존재할 수 없다는 말과도 같다.

그런데 유독 우리 인간들이 자연에 대하여 너무도 잔인殘忍하고 혹독酷毒할 정도로 천대賤待하고, 학대虐待하고, 외면外面하고 있다.

자연과 함께 살아야 하고, 서로 도와가면서 살아야 하고, 그러면서 이를 지배하고 다스려야 할 만물의 영장으로서 우리 인간들이 자연에서 늘 멀어지고 있다.

그 이유가 무엇일까? 이는 정녕 가치관價値觀의 오판에서 오는 기준설정基準設定이 잘 못 되어서라고 해야 할 것이다. 그렇다면 가치관이 어떻게 달라졌다는 말인가 하는 문제다. 그것은 인간들의 허영虛榮이라고 한 마디로 말할 것이다. 그 허영의 탓으로 돈이라는 것이 앞서서 등장하게 되고, 돈을 앞세우고 사치와 방종이라는 극단의 악惡이 지배하게 된다. 악이 지배하는 세상은 범죄의 만연 외에 다를 것이 없다.

자연을 외면하고, 자연에서 떠난 인간들의 사회는 범죄犯罪가 팽창할 수밖에 없다.

현대인들이 자기의 행복을 사치와, 방종과, 낭비의 호화에서 찾으려고 하는데, 이는 지나친 악의 팽창 외에 다를 것이 없다. 이는 멸망으로 가는 길일뿐이다.

사람이란 처음부터 함께 더불어 살아가는 존재이지, 혼자만 살아가는 극단적인 개인주의個人主義나, 이기주의利己主義가 아니었다.

사람과 사람들이 서로 어우러져서 나와, 너와, 그가 더불어 살아가야 하고, 사람과 자연이 서로 도우면서 상부상조 속에 살아가야 한다. 그런데도 자연이 아닌 사람들이 먼저 배신을 하고, 자연을 외면하여 배신하고 짓밟아 버렸다.

존재의 세계에서 홀로 자기만 살아야 한다는 원리나 법칙은 없다. 그런데 우리 인간들만이 그렇게 되어 버렸다. 오직 자기만 살면 된다는 식으로 가치관의 변질과 함께 자기상실自己喪失의 위기에 빠져들고 말았다.

더 이상 이대로 가면 안 되겠다는 위기의식危機意識으로 가득차게 해 버렸다. 이제야 말로 모두 함께 살아남기 위해서 삶의 지혜를 짜내야 하고, 방법을 바꾸어야 한다.

이를 위해서는 먼저 배운 사람들의 의식이 바꿔져야 한다. 가진 자들의 생각이 달라져야 한다. 권력을 누리는 자들의 방식이 새로워져야 한다. 진정 사람들이 평화를 위하고, 행복을 위하고, 함께 살아가기 위해서는 먼저 자연에 대한 생각을 바꿔야 한다. 자연이 없는 존재는 없고, 자연존재를 멸시하면서 인간의 평화나 행복을 구한다는 것은 너무도 큰 잘못이다.

우리는 자연과 함께 살아가야 한다. 서로가 도우면서 주고, 받고, 서로가 서로에게 도움을 주면서 살아가야 한다. 식물이나, 동물이나, 우리 인간들이 서로 도우면서 살아가야 한다. 서로가 서로를 지켜주면서 함께 살아가야 한다. 네게서 얻은 만큼 나도 너에게 돌려주는 원칙을 가지고 살아가야 한다.

자연을 지킨다는 것은 우리가 돌보는 것이 아니라, 내가 살아가는 방편이다. 진정 나를 위하는 사람이라면, 내가 몸을 담고 있는 자연과 함께 살아가는 것이 나를 위함이라는 진리를 배반할 수 없다.

내가 소중하다면, 자연도 소중하다는 것을 인정해야 한다. 내가 좋아 하는 것을 자연도 좋아 하도록 배려해 주고, 내가 싫어하는 것은 자연도 싫어한다는 원칙을 지키면서 살아가야 한다.

한줌의 흙 속에서, 한 방울의 물을 가지고, 한 포기의 풀잎을 대하여, 그 존재의 가치를 인정하고, 그 뜻을 함께 받아들여야 한다. 내가 소중하다면 그들도 소중하다는 자연존재의 가치관을 인정하면서 말이다.

우리 인간들은 더 이상 자연을 짓밟아서는 안 된다. 사랑하는 인간의 자녀들도, 지금 우리가 함께 살아가고 있는 자연을 떠나서는 살아갈 수 없다. 그래서 자연과 함께 유산을 자녀들에게 넘겨주는 슬기를 알아야 한다.

우리 정부가 이를 위해서 좀 더 생각하고 노력을 기울여줬으면 한다.

6

남토북수南土北水라는 말의 뜻?

어쩌다가 자유로自由路를 타고 임진강臨津江을 따라서 파주坡州를 지나 연천蓮川에까지 가 본 일이 있었다.

파주의 임진강변 산언덕에 북한을 가장 가까이 마주하여 통일전망대統一展望臺가 있었다. 통일전망대는 언제엔가 가 본 일이 있는 곳이었으나, 지금 따라 그 옆을 지나려니 가슴이 뭉클함을 느꼈다.

그런데 거기에서 또 북으로 달려 임진교臨津橋를 조금 지나서 가노라니 조립식 건물 언덕 위에 큰 돌판에 새겨진 글귀, "아! 3,8선!"이라고 새겨진 돌비가 눈에 착 들어오지를 않는가?

"세상에 이럴수가....?"

우리 민족의 가슴에 영원히 씻지 못할 한恨 서린 3,8선이 여기라는 말인가?

그저 돌판에 새겨진 글귀뿐인데, 왜 이렇게 가슴이 떨릴까? 가슴이 뭉클하면서 눈시울이 뜨거워졌다. 아무리 눈을 씻고 보아도 주변의 땅이나 주위의 초목들도 꼭 같은 것들인데, '3,8선'이라는 글귀 때문에 가슴이 뭉클 해지고, 눈시울이 뜨거워지는 이유가 무엇일까? 혼자만의 마음을 달래면서 바로 그 곁에 있는 길거리의 싸전 앞에 차를 세우고

사람들과 이런 말 저런 말을 듣는 가운데 또 처음 듣는 말, "남토북수南土北水"라는 말이었다. 거기에서 나는 곡식들을 팔기 위해서 자랑삼아 하는 말이었으나, 남토북수라는 이 말은 또 한번 내 가슴을 뭉클하게 했다.

남토북수라는 말은, 남쪽 땅에, 북쪽에서 흘러내린 물이라는 말로서, 여기에서 나온 곡식들은 그렇게 남토북수로 지은 농작물이라는 말이었다. 그 말속에는 참으로 깊은 뜻이 담겨져 있

었다.

정치적으로는 갈라서 있고, 국경國境아닌 국경을 두고, 강하게 갈라서 있는 남한과 북한이 비록 분단국分斷國으로 나누어져 있기는 해도 자연은 분단이 아닌 통일 된 나라라는 것을 소리 없이 외치고 있었다.

남쪽의 땅에 북쪽에서 흘러온 물로 지은 농작물農作物이니, 통일곡식統一穀食이라는 말이었다. 여기에서 나는 쌀이나, 콩이나, 아무 곡식도 가릴 필요가 없다. 무조건 통일 곡식을 먹고 싶어서, 남북한의 통일을 바라는 마음을 담고 쌀을 사고, 콩을 사고, 고춧가루를 사고, 참 기름을 사고, 호주머니의 사정이 허락하는 데까지 잔뜩 샀다.

이것들을 언제 다 먹을 것인가도 생각하지 않고, 남북한의 통일을 기원하는 마음으로 남토북수로 지은 곡식들을 많이많이 샀다.

"북쪽에 계신 어머니의 눈물로 흘려보낸 물을 가지고 농사를 지었으니, 꿈속에도 그리운 어머니의 눈물을 받아 마십니다"라는 마음속의 말을 되새기면서 서울로 향했다.

남쪽의 사람들과 북쪽의 동포들이 하루 빨리 만나는 날이 오기를 바라는 통일의 마음으로 남토북수로 지은 곡식들을 많이 샀다. 이토록 간절한 마음을 누가 알아 주랴마는 그런 것은 생각할 필요가 없다. 남토북수로 지은 곡식들을 더 많이 못 샀다는 것이 아쉬울 정도로 남북한의 통일을 기원하는 마음으로 곡식들을 사서 자동차에 싣고, 서울을 향해서 달려오는 동안 남모르게 가슴속으로 소리쳐 불렀다. 슬피 울면서 노래했다.

우리의 소원은 통일統一

꿈에도 소원은 통일

통일이여 어서 오라

남북한南北韓의 통일이여............!

제 **2** 장

왜? 사람이
이렇게 천해져 버렸을까?

참으로 고통스럽고 안타까운 마음에서 이러한 글을 꼭 써야하는가?

이러한 글을 써야 하는 내 마음의 자책을 느끼면서도, 이를 안 쓸 수 없는 내 마음을 스스로 책망하면서, 이러한 글을 꼭 써야 한다는 마음의 고통을 먼저 고백한다.

예수님은 우리 인간을 가리켜서, "천하를 주고도 바꿀 수 없는 존재"라고 하셨다. 즉 우리 인간의 가치는 천하보다도 더 귀한 존재라고 하심이다. 그리고 석가釋迦는 갈파하기를, "천상천하天上天下에 유아독존唯我獨尊"이라고 했다. 예수님의 말씀과 비슷한 뜻의 말로서, 이 세상에서 나라고 하는 존재가 가장 존경을 받아야 한다는 말의 뜻이라고 본다. 그런데 현대과학문명의 첨단의 혜택을 누리면서 살아가는 사람들의 가치는 너무도 천賤해져 버렸다.

왜 이렇게 사람의 가치가 천하디 천해져 버렸을까를 두고 고민하지 않을 수 없다는 말을 해야 겠다.

그것은 가치관價値觀의 몰락에서 온 것이다. 본래 사람들은 최귀한 존재로 태어났는데, 사람들의 두뇌가 발달하여 더 많은 지혜로 기술을 개발하고, 삶의 수단이 발전해 가면서 그럴수록 사람의 가치는 떨어지기 시작했다.

급기야는 돈이라는 것이 경제經濟라는 논리로 발전하면서 인간의 가치가 실종失踪의 상태로 변질해 버렸다. 이런 이야기들을 한다는 것은 참으로 슬프고 안타까운 일이나, 이를 개선하기 위해서는 안 할 수도 없다.

그런 이야기들을 하려고 한다.

1

차라리 죽음을 택한 가족들

가족家族이란 핏줄의 얽힘이다.

이 핏줄의 얽힘은 한 남자와, 한 여자가 결혼을 통해서 부부가 되고, 그 부부들 사이에서 태어난 자녀들이 모여서 가족이 되고, 이들이 얽혀서 사는 집단을 가정이라고 한다.

그리하여 가족家族끼리 얽혀서 가정을 이루고, 가정이 누리는 평화와 행복의 확산이 사회社會요, 국가國家요, 세계世界가 된다.

그러므로 참 평화와 참 행복은 먼저 가정으로부터 시작 되어야 한다.

그런데 한 가정이 집단자살을 했다고 하면, 이는 그 사회적으로나, 국가적으로 볼 때에 참으로 불행한 일이요, 중요한 문제라고 본다. 그러나 우리 사회는 자살이냐? 타살이냐? 하는 결과만을 가지고 논한다. 사실상 원인에 대한 것은 외면해 버린다. 더 안타까운 것은 그런 문제에 대해서는 정부가 전적으로 외면해 버린다는 것이다.

진정으로 그 나라와 사회의 평화와 행복을 유지하기 위해서는, 이런 문제는 정부가 앞장서서 수습을 해야 할 것이고, 원인을 찾아서 다시는 그러한 일이 일어나지 않도록 정책적으로 방안을 내어놓아야 할 것인데도, 정부가 이를 외면해 버렸다면, 이는 정치를 아주 잘 못한다는 말일 것이다.

현대 정부론과 정치론의 중심은 경제, 안보 등을 전제로 이루어지는데, 이는 가치기준이 돌아오기 어려운 너무도 먼 길로 빠져버렸다는 것을 말하고 있다.

사람의 가치가 정치권력에 의해서 짓밟히고 있다는 말이다. 통치의 기준이 본질本質에서 이탈하여 사람의 목숨을 하찮은 노리게 감으로 전락시켜 버렸다는 말이다.

현대 젊은이들이 결혼을 반대하고, 출산을 거부하고, 자기들이 낳은 아이들을 죽이기까지 한다면, 본능적으로 타고 난 모성애母性愛까지가 무너져 버렸는데도 정부에서는 그런 문제에 대해서는 눈썹하나 까닥하지 않고, 범죄행위로만 처리하고 있다.

정부에서는 이런 문제에 대해서는 언급조차도 없다. 사람의 가치가 이렇게 천해져 버렸고, 가정이 파괴되고, 모성애라는 본능성本能性까지가 철저히 외면을 당하는데도 정부에서는 이런 문제 같은 것은 관심조차도 갖지 않는다면, 과연 이것이 국민을 위한 민주시민이 살아가는 사회인가를 묻고 싶다. 누가? 어쩌다가? 이 지경으로 몰아넣었는가?

자연번식의 원칙이 무너져서 인구가 감소되고, 살아있는 사람의 생명에 대한 가치가 이렇게까지 천해져 버렸는데도, 정부가 이를 외면 한다면, 정부의 존재가치가 어디에 있고, 통치의 기준이 어디에 있다는 것일까 하는 의문이 든다.

자살에 대한 문제로부터 시작하여, 살인에 대한 문제 모두는 그 외적인 책임이 정부에 있지 않는가를 묻는다. 현대인들의 가치관價値觀을 무너뜨린 책임이 다름 아닌 권력자들에게 있다. 배운 사람들에게 있다. 가진 사람들에게 있다.

수평선水平線의 원리는 파도波濤치는 바다에서 찾는다. 파도는 수평을 이룰 수 없다. 바다에서 파동치는 물결이 움직이는 것을 파도라고 한다면, 파도는 정지가 아닌 움직임이기 때문에 우리가 말하는 수평이 있을 수 없다. 그런데도 바다의 물결에서 수평水平을 찾는다는 것은 변개할 수 없는 진리다.

수평은 평균치平均値를 두고 하는 말이다. 더 큰 파도가 있고, 더 작은 파도가 있어서 함께 철석 거리는데, 그의 균형均衡 곧 평균치平均値가 수평水平이라는 말이다.

민주주의의 원리도 그렇다고 본다. 잘 난 사람, 못 난 사람, 더 배운 사람, 못 배운 사람, 더 많이 가진 사람, 못 가진 사람들이 서로가 얽혀서 조화調和속에 살아가는 것이 민주주의라고 생각한다. 이 조화를 일으키는데 힘의 작용이 곧 정치요, 통치자들이 해야 할 일이라고 본다. 그런데도 그런 것을 찾아볼 수 없다. 그런데도 잘 한다고 떠들어 댄다. 왜들 이렇게 하는 것일까?

돈이 없어서 자살을 하고, 돈을 빼앗기 위해서 죽여야 하고, 돈이 있으니 사치를 해야 하고, 사람을 짓밟아 버린다. 과연 이것이 잘 한 일인가? 잘 못 되었다는 말은 왜 못 하는가? 책임을 피해도 너무도 피해 버린다. 배웠다는 사람들이 외면 해 버리고, 가졌다고 하는 사람들이 외면해 버리고, 다스린다고 하는 사람들이 관심조차 갖지 않는다.

'팔자소관이다. 운명의 탓이다'라고만 하지 말고 더불어 살아가는 세상을 만들어 내야 한다. 크다는 것은 작다는 상대가 있어서이고, 많다는 것은 적다는 상대가 있어서이다.

이들이 평균치平均値의 조화를 이루도록 하면 그것이 평화로운 세상이요, 참 행복으로 가는 길일 것이다.

2

나와, 너와, 그가 있다

세상에는 나만 있는 것이 아니라, 너도 있고, 그도 있다.

이를 다시 복수로 표현하면 우리도 있고, 너희들도 있고, 그들도 있다는 말이다. 이것들이 어울려서 가정이 되고, 사회가 되고, 나라가 되고, 세계가 된다는 말이다. 나와, 너와, 그가 모두 함께 살아가기 위한 조화調和를 문화文化라고 할 것이다. 즉 하나의 공통분모共通分母가 곧 조화調和요, 문화文化를 통해서 이루어 낸 것이 곧 가정家庭이요, 사회社會요, 국가國家요, 세계世界라는 말이다.

조화나 문화를 떠나면 각각 고립된 하나의 개체個體요, 다름의 이질異質일뿐이다.

그것은 가정이나, 사회나, 국가나, 세계가 다 그렇다. 내가 아닌 다름에서 자기를 찾는다는 것은 어리석은 일이다. 다름의 이질과 함께 조화를 통해서 문화를 만들고, 하나가 되는 조화의 일치一致로 이루어 진 문화를 통하여 함께 살아간다. 이것이 인간의 참 지혜요, 본능의 요구라고 믿는다.

이러한 원칙에서 벗어나면 사회는 거칠어지고, 삶이 더 어려워진다. 없어서가 아니라, 넘쳐나는데도 사람들의 살기가 어려워진다는 말이다. 서로가 서로를 믿을 수 없고, 내가 아닌 남은 인정할 수가 없는데 어떻게 평화를 누리며 행복하게 살아갈 수 있겠는가?

솔직하게 말해서 지금 우리가 살아가고 있는 세상이 그렇다.

남의 사회나, 남의 나라가 아니라 바로 지금 내가 살고 있는 우리 사회, 우리나라가 그렇다는 안타까운 말을 해야 하겠다. 지금 우리는 누구를 믿을 수 있는가? 아무도 믿을 사람이 없어져 버리지 않았는가? 사람을 믿을 수가 없고, 물건을 믿을 수가 없고, 당장 살아가기 위해서 먹어야 하는데도 먹을 것에 대한 믿음이 없어져 가고 있으니, 무엇을 믿고 살아가야 할 것인가?

이를 두고 민주시민의 의식意識이 없다고 한다.

분명히 우리나라는 민주주의를 더불어 살아가기 위한 백성들의 사회이념으로 하고, 통치철학으로 하는 나라라고 우리 헌법에 명시하고 있다. 그런데도 백성들은 민주시민의 의식이 전혀 없다. 민주주의의 꽃은 법이어야 하는데, 우리 국민의 준법정신은 전무하다.

다만 자유自由라는 이유로 '나'라고 하는 자기 개인 이외에는 생각하지 않는 방종적인 자유 그것을 가지고, 민주주의를 논하고 있다.

정부도, 대통령에게도 민주주의가 없다. 국민들에게 민주주의를 보여주지도 않고, 가르치지도 않고 있다. 오직 통치統治만 있으니 말이다.

백성들이 민주시민이 되기 위해서는 먼저 법 이 전에 민주시민으로서의 의식意識이 있어야 하는데, 민주시민의 의식이 없다. 사람들이 모인 곳에는 아우성이요, 길거리에서는 비틀거림이요, 고래고래 질러대는 목소리에 귀가 따가울 정도다.

비틀걸음을 하면서, 자동차를 달리면서 차창을 열어 제치고 담배를 피우고 연기를 날려 보낸다. 그 연기와 담배 재가 뒷 따라가는 사람의 얼굴을 함부로 스쳐지나간다.

똥 냄새보다 더 맡기 싫은 담배 연기를 마시면서도 소리 없이 그 뒤를 따라가야 한다.

이것이 우리 사회의 질서요, 민주시민의 모습이다. 아..! 이를 어떻게 해야 할 것인가?

이것이 우리나라요, 우리 한국 사람이라면 이대로 해서는 안 될 것인데, 이를 어떻게 해야 할 것인가? 참으로 안타까울 뿐이다.

이 세상에는 나만 있는 것이 아니라, 너도 있고, 그도 있는데 이를 어떻게 하면 되겠는가? 내가 있고, 네가 있고, 그도 있다면, 이는 우리도 있고, 그들도 있고, 또 저들도 있다는 말인데, 오직 '나'만을 위해서 살아가고 있으니 이를 어떻게 하면 되겠는가?

우리에게도 나라가 있고, 정부가 있는데, 왜 우리나라, 우리 정부는 민주시민의 의식 같은 것에는 관심조차 가지려 하지 않는가? 뼈가 으스러지도록 돈을 벌어서 교육비敎育費라는 명목으로 털어 바치는데, 민주시민이 되기 위한 의식교육은 생각조차 못하고 있으니 이를 누구에게 탓을 해야 할 것인가?

정부나 통치자를 탓하기 이 전에 먼저 내가 바로 서야 한다. 민주 시민의 의식을 누구를 통해서 배우려고 하기 이 전에 백성 된 내가 먼저 깨달아야 한다. 시민 된 내가 먼저 지켜야 한다. 민주시민으로서 기초질서를 지켜야 하고, 나 아닌 그도 있고, 저들도 있다는 것을 알아야 한다.

내가 좋아하는 것은 남도 좋아 하고, 내가 싫어 하는 것은 남도 싫어 하닌 나부터 그런 일은 안 해야 한다. 그렇게 하는 것이 시민의식이요, 민주시민의 질서가 아니겠는가?

나의 존재가치가 크고 중요하다면, 그의 존재가치나, 저의 존재가치도 꼭 같이 크고 중요하다는 것을 인정하고, 내가 먼저 이를 지켜줘야 한다. 그렇게 해야 나라가 서고, 모두 함께 살아갈 수 있다.

3

돈타령에 나라가
무너지고 있다

참으로 안타까운 말을 해야 하겠다.

사람마다 입만 벌리면 돈타령이니, 대관절 이 돈타령의 한숨 소리를 언제까지 들어야 할 것인가? 끝이 없이 터져 나오는 돈타령의 소리를 듣는 것이 귀가 따가울 정도다.

그런데, 이 돈타령의 소리를 경제經濟라는 말로 바꾸어 부르는데, 이것이 우리 대통령의 말씀이요, 정부가 하는 소리라면 이를 말릴 수는 없다. 바로 여기에 문제가 있다.

사람의 가치價値는 돈이 아니라, 사람됨이라고 보는데, 사람됨 보다도 돈타령으로 바꾸어져 버렸으니, 누가 이렇게 만들었던가?

돈타령에 치우치다 보니, 사람들이 보이지 않고, 나도 보이지 않고, 아무 것도 보이지 않는데, 끝이 없는 돈타령을 언제까지 해야 할 것인가?

있으면 더 있어야 하고, 가지면 더 갖고 싶은 돈타령의 노래를 언제까지 불러야 할 것인가? 끝도 보여주지 않고, 경제라는 이름으로 돈타령을 부르게 한 그 사람들이 과연 옳다는 말인가? 참으로 무책임하고, 자기의 무능을 드러낼 뿐이다. 그런데도 백성들은 그 말을 믿고 따라간다. 그것이 사람이 살아가는 방법이요, 목적인 것 같이...........!

왜 내가 스스로 죽어야 하고, 남을 죽여야 하는가? 자식도 죽이고, 부모도 죽이고, 부부끼리도 죽여야 하는 비극悲劇아닌 참극慘劇이 왜 일어나야 하는가?

모성애母性愛도 앗아가 버리고, 신의信義같은 것이 없어진지 오래다. 이 모두가 돈 때문이 아닌가? 사회범죄의 첨단이 돈 때문인데, 상속문제相續問題와 보험문제保險問題로 발생한 살인사건이 얼마나 많은가를 생각해 보면 알 것이다.

왜...? 왜...? 모성애도 없어지고, 부모자식간의 관계도 없어지고, 부부간의 관계도 이렇게 쉽게 무너져 버렸는가? 모두가 돈에 대한 것이 첫 번째가 아닌가? 경제를 부르짖는 위정자들에게 묻고 싶다.

돈타령을 말하면서 얼마까지라는 한계限界를 말한 지도자는 단 한 사람도 없었다.

경제를 부르짖으면서 그 한계 곧 목표치目標値를 제시하지 않으니, 돈에 대한 욕심은 끝이 없다는 것을 말함이 아닌가?

돈은 필요하다. 우리 인간들이 먹고, 입고, 살아가기 위해서는 돈이 있어야 한다. 그러나 그것이 무한정無限定일 수는 없다. 그런데도 돈타령이 너무 심하다보니 모든 가치관價値觀이 다 무너져 버렸다. 사람의 가치도 무너졌고, 더불어 살아가는 사회의 윤리나, 공동체의 질서秩序까지도 없어져 버렸고, 심지어는 올바른 국가관國家觀도 무너져 버리고, 이대로 가다가는 안 되겠다는 절망絶望과 비명悲鳴의 소리뿐이다.

정부가 이렇게 만들었고, 좀 더 배웠다고 하는 사람들이 이렇게 만들어 버렸다.

그것이 나라를 위함이라고 하지만, 사실은 나라를 망치고 있다.

사람이 더 잘 살아가기 위해서는 돈이 있어야 한다. 그러나 그것은 삶의 방편은 될 찌라도 목표는 될 수 없다. 그런데도 현대인들에게는 돈이 목표가 되어 버렸다. 진리眞理라고 하는 참의 가치까지도 돈 타령에 뒷전으로 밀려나고 말았다. 돈이 사람을 따라오도록 해야 하는데도 사람이 돈을 따라가는 세상이 되어버렸다.

돈은 있어야 하고, 필요하다. 절대로 필요하다. 그러나 돈이 우리 인간의 전체는 아니다. 더 큰 가치價値를 뒷전으로 몰아버리고, 돈타령만을 하는 세상이라면 사람이 살아야 할 이유가 없다. 돈이 많아서 행복幸福을 누린다는 것은 거짓말이다.

지금 당장 사람들에 의해서 병들어 죽어가고 있는 대자연大自然은 죽어가면서도 우리 인간들을 비웃고 있다. 그것이 아닌데, 돈타령에 빠져버린 우리 인간들을 한없이 비웃고 있다. 그리고 인간들을 탓하고 있다. 좀 더 바르게 행복하게 살아가기를 바랬는데, 돈타령에 빠져서 참 삶의 가치를 잊어버린 인간들을 한없이 비웃으면서 세상의 종막終幕을 닥아 가고 있다.

사람이면 사람됨에서 '사람됨의 가치價値'를 찾아야 할 것인데, 모두가 돈타령만 하고 있으니, 사람됨의 참 가치는 이미 실종失踪된지 오래다. 경제대국經濟大國이라는 외적기준外的基準이 백성들의 혼魂을 앗아가 버렸고, 나라까지도 꺼져 가는데, 그런데도 돈타령만 하고 있으니, 모두가 속임수에 빠져 들어가고 있다.

먼저 사람이 있고, 돈이 필요한 것이지, 돈이 있어야 사람이 있다는 이유는 없다. 그래서 먼저 사람을 돌아보는 사회가 되어야 하고, 사람을 아끼는 통치가 되어야 하고, 돈이 없어도 사람됨의 가치로 살아가는 도리를 배워야 한다.

돈이 있든지 없든지 결국은 다 죽어 갈 것을.........!?

4

인심人心이 천심天心

어떻게 사람이 하늘의 뜻을 알 수 있겠는가?

그래서 사람들은 운명運命이라는 말을 쓰고, 팔자八字타령을 하는 것일까?

자기의 운명이나 팔자를 알아보기 위해서 점占을 치고, 사주四柱를 보고, 관상觀相을 보고, 굿을 하는 등 야단법석들인데, 알고 보면 아주 간단하다. 인심人心은 곧 천심天心이니, 내 마음이 곧 하늘의 마음이요, 하늘의 뜻이라는 말이다.

나는 나의 운명과 멀리 떨어져서 살아가는 것이 아니라, 항상 하늘의 뜻과 함께 살아가고 있는 것이 나 자신이라는 말이다. 내 마음이 하늘의 뜻에 따라서 살아가면, 그것이 곧 하늘의 뜻이요, 나의 인생이라는 말이다. 그래서 우리 인간에게는 다른 동물이나 식물과 달리 윤리倫理가 있고, 도덕道德이 있고, 각 개인에게는 양심良心이라는 것이 있다. 윤리나, 도덕이나, 양심은 누구의 명령에 의해서 움직이는 것이 아니라, 자기 스스로의 판단과 명령일 뿐이다.

더불어 살아가는 사람들의 세계에는 법法이라는 것이 있어서 사람들의 언동言動을 규제規制하고, 통제統制하고, 간섭干涉을 한다. 법에 어긋나면 처벌을 받아야 하고, 자기의 삶에 대한 구속拘束을 받아야 하고, 신체적인 속박束縛을 받아야 한다.

그러므로 법이라는 것은 더불어 살아가기 위한 최소치最少侈의 기준일 뿐, 법이 사람의 윤리나, 도덕이나, 양심을 앞설 수도 없고 뛰어 넘을 수도 없다.

이런 의미에서 인심은 천심이요, 법보다 더 크고, 더 강하고, 더 두려움의 명령命令이다. 인간이 세운 제도制度나 법령法令으로서 막을 수 없는 더 강한 명령命令이요, 법法이다. 따르지 않으면 안 될 더 강한 규제력規制力이다.

민주주의를 하는 나라일수록 법法의 힘이 강하다. 민주주의의 꽃은 법이니까 말이다.

그러나 민심은 법에 앞선다는 것을 알고 민주주의를 해야 한다. 민주주의의 통치방식은 다수결多數決이다. 다수가결의 모순은 집단集團의 수치數値에 의존한다. 인간의 집단은 다수가결多數可決이라는 원칙을 갖는다.

그러나 그 다수가결도 인심 곧 천심은 아니다. 하나의 이기주의利己主義일 뿐이다.

이기주의는 천심이 아니다. 천심이 아니기 때문에 잘 못 되었다는 말이다. 다수가결多數可決 보다도 더 바른 판단의 힘을 가진 기준은 곧 인심이다. 인심을 잃으면 천심을 잃게 된다. 천심을 잃게 되면 인심이 떠났다는 말이다. 인심이 떠나면 다수가결 같은 것으로는 당해 낼 수 없다. 그래서 민주주의를 바로하기 위해서는 먼저 인심을 읽어야 한다. 인심을 모르고는 민주주의를 논할 수 없기 때문이다.

지금 당장 우리들의 눈앞에서 전개되고 있는 정치의 모습을 보면서 참으로 안타까운 심정을 금할 수 없다.

국민들의 존경과 신뢰를 받아야 할 대통령께서 너무도 인심을 무시한 것 같아서 말이다.

집권여당執權與黨의 사람들이 너무도 오만불손傲慢不遜하여 인심을 외면하고, 그들이 잡은 권력權力에 지나칠 정도로 설치고 있었기 때문이다.

국민이나, 나라가 아닌 자기 개인의 출세가도出世街道를 달리기 위해서 지나칠 정도로 횡포의 칼을 휘둘렀기 때문에서 오는 결과였기 때문이다. 인심은 천심이니, 인심이 돌아서기 전에 잘 했어야 할 것인데 기회를 놓쳤으니 말이다. 참으로 안타까운 일이다. 좀 더 바르게 잘 해 주기를 바랬는데....?

5

얽히고 설킨
인심人心을 풀어가자고요

나는 부끄러움을 무릅쓰고, 못쓴 글로 감히 붓으로나마 말씀을 드리고 싶어서 이 말을 한다.

존경하는 우리 대통령大統領님께 드리는 말씀으로 이 말을 올리고 싶다.

나라를 위해서 수고 하시는 모든 위정자爲政者 여러분께 감히 말씀을 드린다. 그리고 눈만 뜨면 항상 나와 함께 살아가는 우리 동포同胞들에게 감히 말씀을 드리고 싶어서 글로써 이 말씀을 드리련다. 나라를 아끼고 사랑하는 우국憂國의 충정에서 감히 말씀을 드리고 싶다.

얽히고설킨 사연들 속에 나라가 꺼져가는 것을 보고만 있을 수 없어서, 감히 주제조차 파악하지 못한 사람이라고 할 찌라도, 나라를 염려하는 마음에서 이 말씀을 드리려 한다. "이제부터 서라도 바로 나라를 살려내자고요.....".

누가 무슨 말을 하던 우리나라 대한민국大韓民國은 민주주의民主主義를 지향하는 민주공화국民主共和國이다.

민주주의를 하기 위해서는 먼저 민주시민民主市民으로서 백성들이 있다.

그리고 백성들을 위해서 일을 하는 정부가 있다. 정부의 책임자로서, 백성들을 다스려 나가는 통치자로서 국민들이 뽑아 세운 대통령이 있고, 그 밑에서 받들어 일을 하는 각료閣僚들이 있다.

우리나라는 삼권분립三權分立의 틀 위에 세우진 나라이기 때문에 입법부로서의 국회가 있고, 법을 집행하는 사법부가 있고, 백성들을 다스려 나가는 행정부가 있다. 참으로 잘 짜여진 민주공화국이다.

그러나 입법부나, 사법부나, 행정부의 삼권三權 모두가 국민들에 의해서 나왔고, 세워진 기구들이다. 그렇게 때문에 국민들은 정부政府 보다도, 어느 부서府署 보다도 앞선다. 정부의 위에 백성들이 있다는 말이다.

국민은 곧 모든 권력權力의 원천源泉이기 때문이다. 그리하여 우리 헌법은 말하기를, "모든 국권國權은 국민國民에게 있고, 권력權力은 국민으로부터 나온다"라고 명시하고 있다 헌법 제1조 2항.

그렇다면 나라의 주인으로서 국민들은 민주시민民主市民으로서의 의식이 있어야 하고,

그 민주시민의 의식으로 나라를 만들어 나가야 한다. 민주시민의 의식이란 곧 배려配慮하는 마음과 준법정신遵法精神이다. 배려하는 마음이란 곧 다른 사람을 살피는 마음이다. 다른 사람을 살핀 다는 것은, 다른 사람을 간섭한다는 것이 아니라, '내 속 짚어서, 남의 속'이라고 하는 말대로, 다른 사람도 내 마음처럼 생각해 주는 마음이다. 내가 좋아하는 것은 남도 좋아 할 것이니, 나의 좋음 같이 다른 사람도 좋아 하도록 살펴주고, 내가 싫어하는 것은 남들도 싫어 할 테니 내가 싫어는 것은 남들도 싫어할 것이므로 자기 스스로가 싫어하는 일을 하지 않는 것이다. 그리고 민주주의의 꽃은 곧 법法이기 때문이다. 민주시민이 갖는 준법정신遵法精神은 민주주의를 위한 최소치最小侈의 기준이다. 민주시민의 의식으로서 법을 지킨다는 것은 큰 것이 아니라, 가장 낮은 기초질서基礎秩序에서 찾는 것이다. 민주시민의 의식이

성숙되지 못하면 민주주의는 그 뿌리를 내릴 수 없다.

그런데 아쉽게도 우리 국민들에게는 민주시민으로서 가져야 할 기초질서가 엉망이다. 그리고 준법정신이 거의 전무하다. 법法 앞에는 만인이 평등平等하다고 하면서, 지위地位가 높은 위정자일수록 준법정신이 더 없다. 가진 자일수록 법을 짓밟고 무시 해 버린다. 그리고 법을 집행하되, 국민들에게는 강요되고, 지위가 높은 사람들과, 더 가진 자들에게는 법의 위력이 너무도 약하고 국민들에 비해서 평등이 아닌 너무도 차별적差別的이다.

왜 이렇게 되었을까? 부정과 비리가 판을 치는 부패腐敗와 타락墮落 때문이다.

더 이상 참을 수 없는 권력의 부패와 타락은 나라를 세우는 것이 아니라, 망하게 할 뿐이다.

그래서 이제는 더 이상 미루지도 말고, 피해 가려고 비껴 서지도 말고 다 함께 나라를 다시 일으켜 세우기 위해서 법을 지키는 준법정신을 되살려 내야 한다.

민주시민으로서의 의식을 되찾아야 한다. 이를 위해서 정부가 나서야 한다.

민주시민이 갖는 준법정신의 출발은 기초질서基礎秩序로부터 시작된다.

기초질서를 지킨다는 것은 그렇게 힘들고 어려운 것이 아니라, 방종적放縱的인 자유自由가 아니라, 공유共有의 개념이다. 공유의 개념은 모두가 함께 누리자는 것이다.

기왕 말이 나왔으니, 법을 가지고 판결을 주임무主任務로 하는 법관法官들에게 한마디 하겠다. 재판자리에 앉아서 심판권審判權을 행사하는 재판장이라는 사람의 말이, "취중醉中에 한 일이었으니.....?라는 말을 자주 쓴다.

이것이야 말로 범죄를 적극적으로 조장助長해 주는 만행蠻行이라고 생각한다.

정상적인 정신으로는 안 되니 술을 마시고 부딪쳐 버리면 된다는 말과 같다. 더 이상 국민의 양심을 속이지 말고 가장 공정한 법을 집행執行 해야 우리나라에 민주주의가 뿌리를 내릴 수 있다는 것을 명심해 주었으면 한다.

또 길거리로 나가보자. 말없이 순종만 강요받고 숨소리조차 죽여가면서 살아가는 순진한 백성들이 다니는 서울 거리의 골목길에 가면 노랑색 차선車線이 그려져 있다.

좁은 골목길 양편에 노랑색 차선을 그리고 난 다음에 남은 것은 하수도 덮게 위가 아니면, 강아지도 비껴가기 어려운 아슬아슬한 갓이 남는다. 그것이 인도인지, 아니면 개가 다니는 길인지를 정부는 국민들에게 설명해 줘야한다.

그리고 또 하나 녹색불과 홍색 불을 켜고 길거리로 누비고 다니는 경찰들은 교통정리를 한답시고, 입에는 휘갑을 물고 불러대며, 고래 고래 소리를 지르면서 길가는 사람들을 단속한다. 그런데 바로 그들의 앞 길가에는 차도와 인도를 걸쳐서 버젓이 세워져있는 자동차들과, 입간판人看板들과, 장사하는 사람들의 물건들로 어지럽게 널려있다.

골목길을 다니는 사람들이 마음놓고 걸어갈 수 없게 말이다. 그러나 그런 것들은 시비도 하지 않고, 길가는 사람들만 집중 단속을 하면서 그것이 교통정리란다. 그것이 민주시민의 교통질서를 위함이란다.

참으로 어지러워서 말하기조차 어렵다. 이를 어떻게 해야 할 것인가?

잘 못한 것을 탓하려는 것이 아니라, 이제부터 서라도 제발 우리나라의 민주주의를 살리고, 민주시민의 의식을 되찾아서 나라를 되살려내자는 것이다.

돈타령은 지나칠 정도로 떠들어 대면서, 국기國基가 흔들리도록 민주주의가 병病들어 가는데 대해서는 단 한마디의 말이 없으니, 세상에서 가장 못 났다고 생각하는 사람이 목소리 아닌 손끝을 놀려서 글로 호소 해 본다.

6

정직한 사회로 만드는
길은 없을까?

　참으로 안타까운 충정으로 말을 해야 하는 이 사람의 입장을
용서하고 이해 해 주시라는 말부터 하겠다.

　시골집 마당을 걷노라면 오뉴월 뙤약볕도 마다하지 않고, 한
마리의 지렁이에 수백 마리의 개미떼들이 매달려 붙어서 제 굴
로 끌고 가는 모습들을 볼 수 있다.

　지렁이가 꿈틀 거리면 개미는 지렁이 밑에 깔려서 다리가 부

러지는 상처를 입을 수도 있고, 몸이 망가지는 큰 부상을 입을 수도 있는데, 그런 것들은 아랑곳 하지 않고 겨울에 먹고 살 것을 마련하고자 열심히 일하는 개미떼들을 미련하다는 사람은 없을 것이다.

한 덩이로 단결하고 얽혀서 힘을 합하여 지렁이를 끌고 간다. 참으로 열심히 일을 한다고 자랑은 할 찌라도, 개미떼를 보면서 흉을 보는 사람은 없을 것이다. 누구가 지휘하고 명령을 해서도 아니고, 스스로 알아서 최선의 힘을 쏟아 붓는 모습을 보고 있노라면 너무도 배울 것이 많은 것 같다.

정직함을 배우고, 부지런함을 배우고, 단결력을 배우고, 더불어 살아가는 공동체 사회에 대한 참 진리를 배울 수 있다. 곤충 떼의 한 종류인 개미들에게서 가장 소중한 진리를 배울 수 있다. 더불어 살아가는 사람들도 그렇게 해야 한다는 삶의 이치를 배운다.

국민들은 개미떼처럼 약하기만 한 약자弱者들이다. 어쩌면 법이 없어도 살아갈 수 있는 착한 사람들이다. 누구의 지시나 시킴이 없어도 서로가 아끼고, 서로가 서로를 도와가면서 살아야 한다는 참 가치의 진리를 알고 있는 순진한 사람들이다. 그리고 개미떼와 같이 자기에게 맡겨진 일을 하기 위해서는 어떠한 희생이나 고통을 마다하지 않고 열심히, 그리고 착하고 부지런히 일을 하는 사람이 바로 우리 국민들이다.

그런데 언제부터 이렇게 변질해 버렸는지 참으로 안타까운 마음뿐이다.

오직 땅에다 몸을 틀어박고, 서로가 돌아가면서 품앗이 농사 일로 흙과 함께 살아온 착하고 선한 우리국민들이었다. 들판에 서 일을 하다가도 소낙비가 쏟아지면 하던 일을 멈추고 집으로 달려가서 비설거지를 한다. 그리고 자기 집 비설거지를 마치면 서로가 살펴가면서 이웃집으로 달려가서 함께 비설거지를 도 우면서 살아왔다. 밤이면 한 자리에 모여앉아 모닥불 속에 고 구마, 밤을 묻어두고 익기를 기다렸다 서로가 입김을 후후 불 어가면서 고구마를 나눠먹으면서 밤새 이야기로 꽃을 피웠던 정겨운 우리 겨레들이었다.

누구의 지시나 명령에 의해서가 아니라 모든 사람들 스스로 가 그렇게 서로 도우면서 살았다. 지렁이를 몰고 가는 개미떼 처럼 서로 도와가면서 힘을 합해서 일을 하며 살았다.

그런데 언제부터 서인가 그토록 물씬거리던 고향의 쟁취는 온데간데없이 사라지고, 지금은 서로가 서로를 믿을 수 없어서 등을 돌리고 살아야 하는 세상으로 바뀌어져 버렸다.

부모와 자식들 사이에 금이 가고, 부부간의 사이가 벌어지고, 형제들 사이가 너무도 멀어졌고, 심지어는 모성애母性愛까지도 없어져 간다. 참으로 막가라는 세상인가?

왜? 어쩌다가 세상이 요 지경이 되었는가?

돈 때문에....? 돈만 있으면 된다고 떠들어 대던 사람들의 말을 따라서 많은 돈을 벌었고, 다 부자富者가 되었다. 부자가 되었으니, 이제는 보릿고개 같은 것은 없어진지 아주 오래다. 세계의 사람들이 우리의 부富를 탐내고 부러워한다.

길거리를 활보하는 사람들의 옷차림새는 전혀 구분이 없이 다 잘 입고, 똑똑한 사람들로 보인다. 번드레하게 꾸미고, 어깨에 힘을 주고 다니는 모습은 누가 보든지 부럽다고 아니 할 수 없을 정도이다. 참으로 부럽고 자랑스럽다.

그런데도 그들이 얽혀서 살아가는 우리 사회社會의 사람들의 모습은 눈에 보이는 것처럼 자랑스럽거나 부러운 것이 아니라, 극악極惡한 범죄의 소굴로 만들어가고 있다는 뉴스다. 처음에는 그러한 뉴스를 보면서 설마 그럴까 했다. 그런데 지금은 또 그렇게 되었구나 하는 식으로 당연한 일처럼 받아들이게 되어 버렸다.

많은 돈을 가지고, 마음껏 부富를 누리면서 살아보니까 그것이 아니라는 답이 나왔는데도 오직 돈만을 향해서 살아가고 있으니 말이다. 돈은 반드시 있어야 한다. 더 많이 있으면 좋아한다. 그러나 그것만이 아니라는 것을 알아야 하는데도, 입만 벌리면 돈타령이니 무엇인가 잘 못 되어가고 있다는 말이 아닌가?

왜? 돈 때문에 사람의 참 가치價値가 곤두박질을 해 버렸기 때문이 아닌가?

돈을 번다는 것은 더 잘 먹고, 더 잘 입고, 더 잘 살아가기 위함이라고 할 것이다. 빈손들고, 알몸으로 왔으니, 더 많이 가져야 더 잘 살기 때문에 돈을 모아야 한다.

그러나 아무리 많은 돈을 가졌다고 할 찌라도 결국 이 세상을 떠날 때는 아무것도 가지고 가지 못하고 빈손 들고 간다는 것이 천리원칙天理原則이 아닌가?

이러한 참 가치價値를 알아야 하고, 천리원칙을 배워서 먼저 사람됨으로 살아가야 할 것인데도, 그렇지 않는데서 문제가 벌어지고 있지를 않는가?

이 세상은 바뀌어져야 한다. 분명히 달라져야 한다. 사람의 생각 곧 사상이 바꾸어지지 않으면, 돈이 많은 이 세상은 갈수록 살아가기가 어려울 것이다. 불신不信과, 증오憎惡와, 탐욕貪慾의 범죄犯罪로 인하여 마음 놓고 살아가기가 어렵게 될 것이다.

사람은 이 세상에 태어나기가 바쁘게 배워야 한다. 배운다는 그것이 교육教育이다.

교육을 통해서 먼저는 사람됨의 참 가치價値를 배워야 하고, 다른 사람에 대한 배려심配慮心을 배워야 하고, 공동체共同體 사회를 이루어 더불어 살아가는 것을 배워야 한다. 그리고 누구의 간섭이나 잔소리가 없어도 스스로 지켜야 할 윤리와 도덕을 알고 지킬 줄을 알아야 한다. 더 이상 돈만을 위해서 달려가는 잘 못 된 교육의 방법을 바꿔야 한다.

내가 하는 것은 다 옳고, 네가 하는 짓은 다 틀렸다는 잘 못 된 교육의 방법을 바꿔야 한다. 정부의 올바른 교육정책을 기대 해 본다.

서로가 서로를 믿어주고, 서로가 서로를 아껴주는 사회로 바뀌어져야 한다.

이를 위해서 사명을 지닌 곳이 나라의 정부政府다. 이를 위해서 일을 해야 할 책임자가 대통령이요, 장관이요, 위정자들이다. 이 모두가 정치하는 사람들의 몫이다.

외국 사람들에게 우리나라가 돈이 많은 나라라고 비쳐지기 전에, 정직한 사람들이 얽혀서 살아가는 참으로 살기 좋은 나라라는 말을 듣도록 해야 한다.

제 **3** 장

이 하늘 아래서
내가 설 곳은 과연 어디?

우리나라는 남북한을 합한 국토國土의 면적이 모두 합쳐서 22만 제곱 km에 불과하다.

더구나 우리 남한만의 국토 면적은 겨우 10만 제곱km 남짓에 불과하다.

남북한을 합한다면 아주 작은 국토의 나라라고 할 수는 없다. 그러나 우리 남한만의 국토는 참으로 작은 나라일 수밖에 없다. 그러나 차를 몰고 달려가면서 느끼는 것은 너무도 넓고 한 없이 큰 국토를 가진 나라인 것 같은 착각錯覺을 할 정도다.

가도 가도 끝이 없이 널려있는 것 같은 우리나라의 국토, 한 없이 크게만 보여 지는 나라의 땅, 하늘 높은 줄 모르게 솟아있는 아파트 군群들, 어느 것을 보든지 자랑스럽고 군침이 흐를 정도로 여유로운 나라로 보인다. 그러나 국민들은 스스로가 우리나라의 국토에 속아서 살아가고 있는 것 같다. 이토록 넓은 땅에 내 것이 없으니 말이다.

삼천리 반도 금수강산은 온데간데없어지고, 눈이 뜨인 것은 고층 아파트요, 돈 많은 재벌財閥들이 사모아서 터를 닦고 있는 부지敷地들이고, 정말 나라의 주인인 백성들의 몫은 점 점 없어져 가고 있는 것이 아닐까?

내 것이 없다. 내가 발을 붙이고 살아갈 땅이 없어져 간다.

대대로 물려받은 전답田畓들을 팔아서 챙겨, 서울이나 수도권首都圈으로 몰려와서 겨우 겨우 까치집 같은 아파트 한칸 덩실 사서 들었으니, 나도 부자富者가 되었는가고 자기에게 속고 살면서도 그것을 모르고 살아가는 국민들........!

겨우 까치집 같은 아파트 한칸 사두고는 세상을 다 얻은 듯, 나도 부자라는 착각 속에 살아가는 우리 국민들이 참으로 안타깝다.

자기에게 속고 살면서도 이런 사실을 모르고 살아가는 우리 국민들이 불쌍하다고 한다면 그런 생각이 잘 못일까?

아....! 내가 발을 붙이고 살아갈 땅은 어디에 있는가?

내가 발을 붙이고 살아갈 곳은 과연 어디라는 말인가?

아파트라고 해야 내가 몸을 담고 살아가는 곳은 덩실하게 공중에 떠 있는 아파트 한 칸, 무슨 무슨 아파트라고 하지만 그러나 알고 보면 내가 몸을 붙이고 살고 있는 곳이 더덩실 허공에 떠있는 방들일뿐 정말로 내가 발을 들여놓고 살아갈 땅은 한 평도 없는 셈이다.

그런데도 내 집을 가졌다고 뽐내고 으스대는 사람들의 마음을 어떻게 표현해야 할까? 분명히 시대의 흐름에 속고 살아가고 있는 것 같은데, 그런 줄도 모르고 살아가고 있으니 다행하다고 해야 할 찌, 아니면 안타깝다고 해야 할 찌를 모르겠다.

땅에 뿌리를 박고, 땅을 딛고 살아가야 할 사람들이 허공 높은 곳에 더덩실 떠 있으면서, 그것을 가지고 좋다고들 하고 있으니, 웃어야 할 찌, 울어야 할 찌 모르겠다.

다른 사람들은 그렇다고 하더라도, 내가 발을 붙이고 살아갈 땅은 과연 어디라는 말인가?

땅바닥에 기어 다니는 개미떼들과 함께 얽혀서라도 살고 싶지만, 세상은 좀처럼 그럴 기회도 주려고 하지 않는다. 인심이 그런 것이 아니라, 돈이 그렇게 만들어 버렸다.

될대로 되어라. 그러나 나는 그렇게 살겠다. 있든지 없든지를 가리지 말고, 오늘도 열심히 살아가겠다.

천안 삼거리 능수버들이 누가 늘어지라고 해서 축 늘어졌던가?

제 멋에 지워서 축 늘어졌지...........!

1

고향이라는 말이 없어져 간다

내가 이 세상에 태어나서, 코 흘리게로 살았던 곳을 고향이라고 한다.

고향에는 부모님이 계시고, 형제자매들이 있고, 친척들과 이웃들이 뒤얽혀서 살아가고 있다. 대나무 가지로 울타리를 하고, 강아지 떼, 병아리 떼를 몰고 다니는 닭들이 마음껏 울타리 사이로 기어 다니면서 모이를 쪼아 먹는 곳이 고향이다. 맛은 없어도 누렁지를 긁어서 울타리 사이로 서로에게 나누어 주던 인심이 풍요로운 곳이 고향이었다.

밤새도록 모닥불 가에 둘러앉아 고구마를 구어 먹으면서, 이야기를 주고받던 마을이 고향이었다. 어른들을 살펴서 존경하고, 철없이 떼 몰려다니면서 말썽을 피워대는 아이들에게 너나없이 꾸중을 하면서 살펴주던 곳이 고향이었다. 그런데 그 고향은 다 어디로 갔을까? 고향을 무엇에게 도둑맞아 버리고 고향 없이 살아가야 하는가?

나도 대학에서 공부를 했고, 돈을 모아서 부자가 되었고, 이름을 날리면서 출세를 했으니 행복하다고 했던가?

그렇게 하는 사이에 날아가 버린 고향은 어디에서 찾을 것인가?

찾을 필요도 없고, 영영 없어져도 된다는 말인가? 고향은 없어도 된다고 하자. 그러나 고향에 계실 부모형제의 정情은 어떻게 할 것인가? 형제자매끼리 서로 위하고 도우면서 얽혀 살고, 이웃끼리 오가며 흐뭇하게 가꾸어 온 인정미는 어떻게 하려는 것일까?

고향이 없어졌으니, 이웃도, 친척도, 심지어는 부모형제까지도 없어져도 된다는 말인가?

사람의 도리가 다 없어졌는데도 돈만 있으면 된다는 말인가?

다른 사람들이야 어찌 되었든, 내게는 돈이 있고, 출세를 했고, 외제 승용차가 몇 대나 되니 다 이루었다는 말인가?

어쩌다가, 왜? 사람들의 생각이 이렇게 되었을까?

현대인들에게서 고향은 멀어진 것이 아니라, 없어져 간다. 이미 없어져 버렸다.

사람에게만 있어야 할 고향故鄕이 없어졌다. 그런데도 눈 하나 깜짝 안 하니 이를 어떻게 하랴!.

요즘 따라 귀농歸農이라는 말이 부쩍 늘어난 것 같다.

그런데, 그 귀농이라는 말은 농사를 소득所得의 수단으로 하기 위해서 농어촌農漁村으로 돌아간다는 말은 될 찌라도, 옛 고향을 다시 일으켜 세우기 위함이라는 말은 전혀 없다. 사람이 사람끼리 뒤얽혀서 살아가는 곳, 사람과 사람끼리 뒤얽혀서 오순도순 사람의 정을 나누면서 살아가는 곳, 법法이 없어도 위아래의 예의범절禮儀凡節이 있고, 사람으로서 도례를 지키면서 살아가는 인간미의 정이 물씬 풍기는 인심人心이 지배하는 곳, 천만리 떨어진 머나 먼 곳에서 만나면, 자기의 부모님처럼 반갑기만 하는 사람들이 모여서 살아가는 고향을 되찾아야 한다.

고향이 그립다.

해가 떨어져서 서산으로 넘어가기 전, 소고삐에 몸을 칭칭 감고, 집으로 찾아들던 옛 고향, 흙먼지를 뒤집어쓰면서 잔디밭에 모여서 씨름을 하자고 판을 치던 시골 마을의 옛 고향이 그립다.

고향을 되찾아야 우리 민족의 살길이 열린다. 행복한 터전이 이루어진다.

현대과학문명現代科學文明의 유혹에 더 이상 현혹眩惑되어서는 안 된다.

돈타령의 노래에 더 이상 정신을 팔아서는 안 된다.

사람이 사람으로 돌아가는 길은 옛 고향을 되찾는 것 외에 없다.

우리 모두 함께 누리는 행복을 위하여 고향을 찾아가자.

2

책冊을 읽어야 한다

사람으로 태어나면 누구나 말을 배우고, 글을 배우고, 그 다음에는 학문의 길에 들어서고, 그 다음에 자기가 살아가기 위한 직업을 갖기 위해서 전공과목을 택하여 공부를 한다. 이렇게 하는 것이 사람됨의 길이요, 살아가는 방법이다.

짐승이 아닌 사람으로 태어났으면, 누구나 그렇게 해야 한다. 그 모든 것들이 책과 함께 시작 된다. 그러므로 사람됨의 첫 길은 곧 책을 읽는 것으로부터 시작 된다는 말이다. 그런데 현대인들의 생활방식은 그것이 아닌 것 같다. 컴퓨터를 알아야 하고, 스마트 폰을 다루어야 하고, 그 다음에는 돈을 긁어모으기 위해서 뛰어야 한다.

그 외에 다른 것은 아무것도 필요 없다. 세상이 요지경으로 변해 버렸다. 그런데도 어느 누구 한 사람 눈 하나 깜짝하지 않고, 당연한 것으로 이를 받아드린다.

세상이 어떻게 될려고 이 지경이 되었는지 모르겠다. 그래서 여기에서는 사람이 사람으로 살아가는 이야기를 늘어놓고 싶다. 누가 들어주던지, 안 들어 주지는 상관하지 않고, 아주 먼 훗날에, 혹 누군가가 생각 해 낼 수 있을 것이라는 막연한 기대 속에서 이 말만은 꼭 하고 싶다.

책을 읽어야 한다고. 사람으로 태어났으면 먼저 책을 읽어야 한다. 무슨 책을 읽어야 하는가라고 묻는다면, "다 읽어야 한다"라고 답하겠다. 가능한 많은 책을 읽으라는 말이 아니라, "더 많은 책들"이라는 말이 아닌, "다 읽으라"라고 하는 말만을 하고 싶다.

책을 읽는다는 것은 한정이 없기 때문이다. 더 많은 책을 읽을수록 그만큼의 실리實利를 챙길 수 있기 때문에, 다 읽어야 한다고 할 수밖에 없다.

좋은 것도 책을 통해서 배우고, 나쁜 것도 책을 통해서 배운다. 그래서 잘 쓴 책은 잘 썼으니까 읽어야 하고, 잘 못 쓴 책은 잘 못 썼다는 것을 알기 위해서 읽어야 한다.

그런데 책을 읽으라고 권한 다음, 어떤 책부터 읽어야 할 것인가를 말해 보겠다.

첫째로는 위인전기偉人傳記 같은 전기물傳記物의 책을 많이 읽어야 한다고 권하고 싶다.

전기물을 통해서 사람이 살아가는 이치를 배운다. 닥아 오는 고통을 어떻게 참고 이겨냈는가를 배운다. 성공한 사람들의 이야기를 통해서 앞으로 내가 어떻게 살아 갈 것인가를 배운다. 어려운 일이 부딪혀 왔을 때에 어떻게 이겨낼 것인가를 배운다.

그리고 그 다음에는 역사歷史에 관한 책들을 읽어야 한다. 더 많은 역사에 관한 책들을 읽어야 한다.

개인의 전기물에 대한 것을 읽었으니, 이제는 역사물을 통해서 우리가 살아가는 세상에 대한 지혜를 배워야 한다. 잘 살고, 못 사는 나라의 이야기들을 배운다. 나라와 나라끼리의 문제를 어떻게 풀어갔든가 하는 것들을 배운다. 앞으로 다가오는 미래를 어떻게 살아가야 할 것인가를 배운다.

혼자는 살아갈 수 없기 때문에 역사를 통해서 더불어 살아가는 삶의 지혜를 배워야 한다. 한 사회와 다른 사회가 서로서로 얽혀서 살았던 것을 알아야하고, 나라와 나라들의 이야기를 알아야 하고, 세계의 사람들이 함께 더불어 살아가야 할 지혜를 역사를 통해서 배워야 한다.

거기에서 끝나는 것이 아니다. 더 많은 것들이 또한 기다리고 있다.

그것들을 가능한 더 많이 알기 위해서 책을 읽어야 한다.

물론 한 사람이 모든 것을 다 알 수도 없고, 다 가질 수도 없고, 다 해 낼 수도 없다.

그래서 자기만의 전공분야가 있는 것이 아닌가? 그러나 더 많이 안다는 것은 더 많은 사람들을 위함이라는 것을 알아야 한다. 더 많은 것을 알 때에 더 많은 사람들이 몰려온다. 그렇게 되면 더 많은 사람들을 거느리게 된다. 이를 지도자로 오르는 길이라고 할 때에 더 많은 책을 읽어서 더 많은 것을 아는 사람에게는 더 많은 사람들이 몰려오게 되고, 더 많은 사람이 따르도록 하는 것이 지도자로 가는 길이라는 말이다.

바로 이것이 책을 많이 읽어야 하는 이유일 것이다.

더 많은 일을 하고, 더 많은 것을 정복하고 싶고, 더 많은 사람을 거느리고 싶다. 이것이 인간됨의 본능이라고 할 것이다. 본능의 욕구가 크면 클수록 더 많은 책을 읽어야 한다. 책을 더 많이 읽으면 보는 세상만이 아니라, 보이지 않는 세상까지를 볼 수 있다.

그래서 더 많은 책을 읽어야 한다는 말을 한다. 가능하다면 책이라고 생긴 책은 다 읽어야 한다는 말을 해 본다.

3

인정이 메말라가고 있다

사람만이 갖는 사람으로서의 마음을 일으키는 감정感情, 자기만이 아닌 남들을 생각하는 마음의 감정, 사람끼리 품앗이로 서로가 나누어서 갖는 마음의 감정을 가리켜서 인정이라고 정의해 본다.

그래서 인정은 어느 누구의 지시나 명령에서도 아니고, 법으로서 규정하거나 규제할 수도 없는 사람 스스로의 마음에서 일어나는 것이 사람의 감정이라고 할 것이다.

그래서 살기 좋은 사회에서, 더 행복하게 살아가기 위해서는 사람의 인정이 더 두터워야 하고, 더 뜨거워야 하고, 더 적극적이어야 한다.

그런데 이와는 정반대로 인정이 식어져 가는가 했더니 아주 없어져 버린 것 같아서 아쉬운 마음으로 글을 써 본다.

인정이 많을수록 더 사랑스럽고, 덕德이 두텁다. 인정이 많은 것을 가리켜서 다정多情이라고 한다. 다정한 것일수록 친근감親近感이 넘쳐서 다가가기가 좋고, 상대하기가 좋다.

다정한 사람에게서는 따뜻한 온기溫氣가 풍겨나지만, 인정이 없는 사람에게서는 찬바람만 분다. 그런 사람과는 사교하기조차 싫다.

우리 사회에서 인정이 식어지고 끊어졌다고 한다면, 사람으로서의 정情이 끊어졌다는 말이고, 사람으로서의 정이 끊어졌다면 사교의 가치가 없다는 말이고, 사교의 가치가 없으면 가장 외로운 고아처럼 사람과의 교제가 끊어졌다는 말이다.

사람들과의 교제가 끊어진 곳에 무엇을 기대하고 살아갈 수 있겠는가?

살기좋은 사회일수록 인정이 뜨거워야 한다. 법을 잘 지켜서가 아니라, 법 이 전에 인정에 얽혀서 살아가는 사회가 더 명랑하고 밝은 사회요, 행복한 사회라는 말이다.

인정이 식어져 버린 사회, 인정이 메말라져 버린 사회에서 기대 할 것이 있다면, 범죄와, 타락과, 살벌한 분위기 외에 무엇이 남을 수 있겠는가?

이런 이야기가 남의 말이 아닌 우리의 이야기요, 우리들에 관한 이야기라면 이를 어떻게 해야 할 것인가?

정치하는 사람들이 한 번 더 생각해 보아야 하고, 가졌다고 하는 사람들이 도리켜 보아야 하고, 지도자라고 하는 사람들이 한 번 더 깊이 생각 해 보아야 할 말이 아니겠는가?

이 말을 하는 나 스스로도 나에게서 인정人情이 자꾸 식어가는 것을 안타깝게 생각한다. 그래서 아쉬운 마음으로 이렇게 푸념을 해본다.

그토록 인정이 깊기만 했던 우리 조상들의 마음이 언제부터 이렇게 싸늘하게 식어져 버렸는가를 안타까워한다.

그토록 자랑스럽기만 하던 우리 선조들의 인정이 다시 되살아나게 할 수는 없는 가고 참으로 안타까워한다. 그냥 버릴 것이 아니라 반드시 되살려내야 한다는 간절한 마음으로 발을 동동거리고 싶다.

잘 먹고, 잘 입고, 오래 오래 행복하게 살았다고 해야 겨우 100년 내외가 인간의 수명壽命이라면, 길어야 한 세기 이상을 넘기지 못할 것을, 차라리 인정만이라도 듬뿍 남겨주고 가는 사람들의 삶이 더 값지고, 아름답고, 더 귀하지 않겠는가?

4

CCTV가 무엇이기에?

　지금 우리나라는 서울을 중심으로 전국각지에 CC TV가 설치되지 않는 곳이 거의 없을 정도이다.

　그럴 정도로 지금 우리나라가 외국에 비하여 현대문화가 발달 된 선진국가로서의 모습을 자랑함이라고 할 것이다. 그러나 그것이 결코 자랑스러운 일만은 아니라고 생각한다.

　왜냐하면, CC TV 가 설치되므로 도둑을 잡는 데는 더 이상의 좋은 수단이 없을 것이라고 본다. 도둑을 잡는데 도움이 되기 때문에 거리의 골목마다 CC TV를 설치하고, 고층건물이나, 개인 주택이나, 공용건물에 상관없이 CC TV를 설치했으니 매우 잘 된 일이라고 할 것이나, 이는 결코 그렇지 않다는 것을 알아야 한다.

왜? 전 국민을 도둑으로 보기 때문이라는 일차적인 이유요, 다음에는 우리 한국이라는 나라에는 인권人權이 전혀 없다는 것이 아니겠는가? 탄압을 하고 학대를 하는 것만이 아니라, 온 국민을 도둑으로 몰아붙이고, 도둑을 잡기 위해서 CC TV를 설치했다면 개인의 사생활私生活이나 정보의 비밀은 어떻게 지켜져야 할 것인가?

개인 신상의 자유가 배제되고, 개인의 비밀 같은 것이 보장책은 없고 노출되는데도 진정 자유가 있고, 인권이 보장 된다고 하면 그 말을 어떻게 믿어야 할 것인가?

분명히 우리나라는 민주주의의 나라이다. 민주주의의 나라이기 때문에 개인이나 단체의 자유와 권리가 보장 되어야 하고, 사람의 평등권平等權이 보장 되어야 한다.

그런데도 자유나, 평등한 인권 같은 것은 생각함이 없이 범죄를 예방하기, 범인을 쉽게 잡기 위해서라는 편의상의 이유로 전국을 CC TV 영상 안으로 몰아넣어 버린다면, 이래도 과연 민주주의를 하는 나라라고 할 것인가?

여기에서 우리는 좀 더 깊이 생각을 해보고 반성을 하지 않으면 안 될 것이다.

어떠한 경우에서라도 민주주의라는 기본 틀이 무너져서는 안 된다. 죄인을 잡기 위한 수단으로 CC TV를 설치해야 한다면, 민주주의를 실현하기 위한 대책은 왜 말하지 않는가?

이것 역시 '돈'이라는 것 때문에 경제논리만을 강조하도 보니, 더불어 살아가는 민주주의 시민사회의 의식意識이 바뀌어져 버렸기 때문이다.

'빈대 한 마리를 잡기 위해서 초가삼간 다 불태울 수는 없다'라고 하는 말을 자주 한다. 그러면서도 도둑을 잡기 위해서 CC TV를 설치한다는데 대해서는 말 하는 사람이 없다.

우리 정부나 사회가 한결 같이 민주시민의 의식을 위해서는 단 한 마디 말하는 사람이 없는 것 같아서 참으로 아쉽기만 하다. 이제부터라도 우리는 민주시민民主市民의 의식화운동意識化運動을 전개해야 한다.

시대의 흐름이나 유행이라는 말은 잠정적인 기간을 두고 하는 말이다.

우리 민족은 좀 더 밝은 혜안을 가지고 세계사世界史를 살펴보아야 한다. 우리 인류의 역사는 아무리 좋았던 황금시대黃金時代의 행복을 누렸다고 하더라도, 그것은 지나가는 한 때에 불과

했다는 것을 알 수 있다. 그래서 우리는 역사를 공부한다.

과거過去는 과거로서 완전히 끝나버린 것 같으면서, 또 다시 반복적으로 나타났다는 것을 알 고 있다.

현재는 현재로서 그대로 끝나는 것이 아니라, 반복적으로 다시 되풀이해서 일어날 것이라는 것을 알고 있다. 다가오는 미래는 과거에서부터 오는 현재요, 현재와 함께 가는 연장이 아니겠는가? 그래서 우리는 역사를 공부하지 않는가?

우리 국민들이 하겠다고 하는 각오와 의지만 새롭게 한다면 우리 국민에게도 희망은 있다. 다시 밝은 새아침이 열릴 것이다.

CC TV가 없어도 서로가 서로를 믿고 살아가는 사회를 만들어야 한다.

자기를 희생하고서라도 이를 위해서 일어서야 한다.

나라가 살아나고, 민족의 생명력이 되돌아 올 수만 있다면 자기라는 소아小我를 바쳐서 나라를 살려내야 한다.

골목길을 지키고 있는 CC TV는 흉물凶物중의 하나일 뿐, 결코 자랑이 아니다. 과학 문명도 아니다. 온 백성을 도둑으로 몰아붙여두고, 죄인을 때려잡기 위한 수단으로서의 CC TV는 없어져야 한다.

5

서울의 인구가
날로 줄어만 간다

　신문이나 방송을 통해서 흘러나오는 뉴스에서, 서울의 인구
人口가 해마다 8천명 이상씩 줄어져서, 서울 수도의 인구 1천만
명 이하의 시대가 다가 올 것이라는 예언豫言같은 넉두리 말을
늘어 놓는다.

　물론 수도 서울이라고 해서 그 인구가 천만명이 넘어야 한다
는 이유는 없다. 오히려 넘지 않는 것이 다행하고 좋을 것이다.

살기 좋은 도성만 된다면 무슨 일이 있겠는가?

그런데도 서울을 빠져나가는 인구가 해마다 늘어만 간다는데 이에 대한 염려 섞인 말들이 자주 들려온다. 그런데 서울을 빠져나가는 인구가 날로 많아진다는 것을 알고 보면, 서울이 싫다는 말과도 같다. 서울이 싫다는 것은 서울이 사람 살 곳이 아니라는 적극적인 말의 표현 대신 행동으로 들려준다는 뜻과도 된다.

왜 서울이 싫어질까? 어찌하여 우리의 수도 서울이 사람 살 곳이 아니라는 말일까?

우리 말 가운데, "사람을 낳으면 서울로 보내고 말을 낳으면 제주도로 보내라"라고 하지 않았든가? 또 몇 년 전까지만 하더라도, 서울은 그저 우리나라 수도首都로서의 서울이라는 것 외에, 유혹誘惑의 도시였고, 기회機會의 도성이었고, 희망希望의 도시었고, 출세出世의 도시가 아니었던가? 그런데 왜 서울을 떠나는 사람들이 줄을 잇게 되었을까?

서울에서 살겠다고 파고들 때에는 수단과 방법을 가리지 않았다. 그런데도 막상 서울에 와서 살다보니, 서울은 사람이 길게 몸을 담고 살아갈 곳이 아니라는 말이 아닌가?

서울에서는 행복을 구할 수 없는 곳이라는 말이 아닌가?

왜? 왜 이토록 우리나라 수도 서울이 천해져 버렸다는 말인가?

서울이라는 도성都城이 싫어졌다. 서울에 사는 사람들이 싫어졌다. 서울의 인심이 싫어졌다. 서울 하늘의 공기가 나빠서 마음 놓고 숨을 쉴 수가 없다. 서울 사람들과는 마음 놓고 사교할 수가 없다. 모두가 거짓되고, 서로 얽혀서 살아갈 수가 없다. 벌어서 먹고 살아가기란 더 기대할 곳이 못 된다.

이렇게 해서 서울을 등지고 다시 시골로 빠져나가고 있다.

사람이 실아야 할 곳을 찾아서 빠져나가고 있다. 차라리 흙을 상대하고, 대자연 속에 묻혀서 산천초목과 얽혀 더불어 살겠다고 서울을 빠져나가고 있다. 가슴을 툭 터놓고, 마음껏 소리치면서 파도들과 춤을 추고, 물새들과 노래를 부르고 싶어서 바다로, 섬으로 빠져나가고 있다.

수도 서울에 대한 기대와 욕망은 누구에겐 가에 다 빼앗겨 버렸으니 우리의 몫을 찾아서 서울을 등지고 돌아서 버린다.

아무리 수도 서울을 현대문화로 단장을 하고, 고층 아파트를 더 높이 세우고, 고층 사무실에 버티고 앉아서 호령을 치는 사람들이 뽐내고 있어도, 그것들이 다 싫다고 수도 서울을 빠져나가고 있다.

나라 일을 보시는 분들에게 다시 한 번 생각해 보시라는 소리 없는 말을 남기면서 약하고 못난 백성들은 소리 없이 수도 서울을 빠져나가고 있다.

서울에서 살아 보겠다고 찾아들 때에는 너무도 많은 댓가를 치러야 했다. 그러나 수도 서울을 빠져나갈 때는 홀가분한 마음으로 훨훨 나는 새처럼 나는 듯이 빠져나가고 있다. 더 이상 수도 서울에 대해서는 미련조차도 남겨둘 필요가 없다고 홀홀히 다 털어버리고 홀가분한 마음으로 서울을 빠져나가고 있다.

서울특별시장님 안녕히 계세요. 중앙 정부청사의 높은 자리에 버티고 앉아서 으르렁거리고 있는 나라님과 높은 양반님들 잘들 살으시라는 거짓 인사말을 뿜어대면서 서울을 떠나고 있다.

사람을 믿을 수가 없고, 수도 서울이 싫어졌으니, 이제부터서라도 자연과 함께 살면서 새로운 터전을 만들어 보겠다고 서울을 빠져나가고 있다.

언제까지 일 찌, 얼마까지일 찌는 아무도 모른다. 한 가지 분명한 것은 이것이 못난 백성들의 인심人心이라는 소리 없는 말을 하면서 서울을 빠져 나가고 있다. 서울에 남을 것은 무엇일까? 못난 사람들이 싫어서 버린 것들만 남겠지.....!

사람들이 버린 썩어빠진 더러운 인심 그것들만 남아서 자기들 끼리 소리치고 있겠지…?

좀 더 살기 좋은 수도 서울이기를 바라며 찾았는데, 너무도 기대에 어긋나니까 돌아서야 한다고 서울을 빠져나가고 있다.

누군가의 어르신들, 정신 좀 차리시라고요. 제발 좀 바른 생각을 가져 보시라고요.

서울특별시의 시장市長님, 송구한 마음으로 불러보는 우리 대통령大統領님, 높은 벼슬자리에 앉으신 것을 자랑하는 장관長官님들, 자기만은 선량善良이라고 외치면서 거짓말로 순진한 백성들을 속여서 당선이 되신 국회의원國會議員여러분, 그 외에도 크고 높은 벼슬자리에 앉아서 국록國祿을 축내고 계신 고관대작高官大爵의 공무원 여러분, 어느 누구를 탓하려는 것이 아니라, 서울을 등지고 떠나 살면서 새 출발을 하겠다고 나서는 소리 없이 서울을 떠나는 백성들의 소리를 좀 들어 보시라고요. 그렇게 해서 우리 다시 시작해 보자고요. 약하기 약하기만 한 백성들은 말해 봤댔자 듣지 않을 것이라는 말을 소리 없이 남기고 서울을 떠나고 있다고요.

여러분들께서 정성을 바쳐서 우리나라 수도 서울은, 행정도시도 아니고, 산업도시도 아니고, 교육도시도 아니고, 이것저것들이 뒤얽혀서 혼잡케 하는 혼란한 도시가 아닌지? 좋게 말해서는 종합도시綜合都市라고 할 찌 모르나, 이것들이 싫어서 모두가 떠나간다면 무엇인가 잘 못 되었다는 것을 알아야 하지 않을까요?

열심이 일을 하는 노동자에게는 시간 당 노임 8천원도 주기 싫어하는 재벌 기업들이 연 수입이 몇 십조라니, 세상이 해도 너무나 불공평하다는 말을 속으로 속삭이면서 서울을 떠나간다. 정치政治와 경제經濟가 짝짝꿍 유착癒着하여 갈취 아닌 양극화兩極化만 부채질 하고 있는 곳이 서울이라면 누가 여기에다 정을 붙이고 살겠는가?

그리고 더 중요한 것은 수도 서울을 등지고 돌아서서 떠나가는 모든 사람들이 한결 같이 다시 시작해 보려는 꿈을 가지고 떠나가지 않겠는가? 정치를 한다는 사람들이나, 경제를 일으키겠다고 사업을 하는 기업가들을 더 이상 믿고 기다렸다가는 안 되겠다는 결론을 가지고 서울을 떠나간다.

완전 절망이 아닌 재기再起의 꿈을 가지고 서울을 떠나는 사람들이 날로 줄을 이어간다면, 우리나라 정치 지도자들과, 온 나라의 땅을 대지화垈地化 시켜서 백성들에게는 단 한 치의 땅도 내어줄 수 없다고 긁어모으고 있는 재벌財閥들의 생각은 어디까지인지를 모르겠다.

정경유착政經癒着이라는 말을 들은지가 엊그제 같은데, 이제는 신물이 날 정도로 너무 심한 것 같아서 서울을 등지고 떠나 살면서 이제부터 서라도 우리 아닌 내 스스로가 새 출발을 해야 살겠다는 마음으로 서울을 떠나는 못난 백성들의 마음을 읽어 주시라고요.

  백성들이 다시 시작하겠다고 하는데도 나라의 일을 하시는 분들이 이를 무시하고 외면外面만 하면 어떻게 되겠는가?

  수도 서울만이 아니라, 온 국민의 마음이 수도 서울을 등지고 돌아서는 것으로 드러나고 있으니, 우리 정부의 재 각성을 바라는 마음 간절할 뿐이다.

6

나라 사랑의 마음을?

대한민국大韓民國이라는 나라의 백성으로 태어나서, 자기의 나라를 사랑하지 않을 사람 있겠는가마는, 우리 국민 각자가 다시 한 번 자기의 양심을 가다듬고, 나라 사랑의 마음을 살펴 볼 때가 온 것 같다.

진정 나라를 사랑하는 마음을 가진 애국愛國하는 사람이라면, 누구에게 물어볼 것 없이, 내가 나라를 위해서 무엇을 어떻게 해야 할 것인가를 한 시도 떼어버릴 수 없을 것이다. 그런데, 그런데……? 그것이 아닌 것 같아서 말을 해야겠다.

대한민국이라는 나라에 태어나서, 우리의 말을 하고, 우리의 글을 쓰고, 우리의 풍속을 따라서 살아가기 때문에 한국 사람이고, 국방의무를 다 하고, 부지런히 일하여 세금을 내는 납세의무를 다 하고, 나라의 법을 지켜나가고 있으니 나도 애국자라는 생각에 잘 못은 없다. 그러나 참 나라 사랑의 애국심은 당연히 권리를 누리고, 법을 지키는데서 끝나는 것이 아니다.

자기의 나라를 지켜야 하지만, 더 키워나가야 하고, 누구의 명령이나 법에 따라서가 아니라, 말없이 스스로가 해야 할 일을 하는데서 나라는 커져가고 발전해 간다.

다 벼슬자리에 앉아서 출세를 하고, 높은 자리에 앉아서 국민들에게 호통을 치는 사람이 아니라, 이름도 없이, 모양도 없이, 울타리를 치는 담돌 사이에 찡기는 조약돌처럼 살아가는 사람이 진심으로 나라를 사랑하는 사람이요, 참 애국자가 아니겠는가?

나 하기 좋다하여 다 하는 것이 아니라, 그와 저가 좋다고 하면, 조금씩 양보해 주고, 더불어서 함께 살아갈 수 있는 것이 진정 나라 사랑의 마음이 아니겠는가?

목소리도 조금씩 낮추고, 기침소리도 조심스럽게 입을 가리고 하고, 누가 다칠까 봐서 조심조심 살피면서 길을 걸어가고, 나의 몸에서 떨어지는 티끌 하나라도 남에게 거침이 될까 한 번 더 돌아보는 것이 참으로 나라를 사랑함이 아니겠는가?

자기가 태어난 자기의 나라를 살피고 가꾸는 일은 누구만이 할 수 있는 것이 아니라, 국민 된 사람이면 누구나 다 할 수 있는 남녀노소 국민 된 사람의 몫이요 일이다.

법을 잘 지킨다는 것은 준법遵法은 될 찌라도 애국에는 미치지 못함이 아닐까? 진정 나라를 사랑한다는 것은 법 이 전에 있다는 것을 알아야 한다. 먼데서 찾는 것이 아니라 자기의 마음 곧 자신의 양심에서 찾아야 한다. 누구와의 비교를 통해서 찾는 것이 아니라 자기 스스로에게서 찾아야 한다.

자기 스스로의 언행言行을 통해서 찾고, 자기 스스로의 처신處身을 통해서 찾아야 한다.

높은 양반들은 나라 사랑을 자기의 특허물인 것처럼 외쳐 댄다. 더 많은 월급을 받았으니 더 큰 소리를 치는데도, 못 난 백성들은 그것이 가장 잘 한 애국인 것처럼 따라 간다. 그러나 참된 나라사랑의 마음과 애국은 그것이 아니다. 그것으로는 부족하기 때문이다. 자기 스스로의 마음에서 나라 사랑을 드러내지 못한다면 애국을 할 수 없다. 자기의 몸을 던지는 순국殉國의 마음은 그 순간의 상황狀況에 따르는 행동이 아니라, 나라의 백성됨에 대한 한 평생의 마음이요, 나라의 백성 된 사람으로서의 정도正道다.

나라 사랑의 마음은 더 많이 배웠기 때문에서도 아니고, 더 많이 가졌기 때문에서도 아니고, 더 높은 자리에 앉았기 때문에서도 아니다.

사랑하는 나의 조국祖國인 대한민국大韓民國에서 태어난, 한국인韓國人으로서 갖는 삶이요, 일함이요, 마지막의 죽음일 뿐이다.

자기 나라 땅의 흙먼지 한 주먹일 찌라도 가꾸고 살펴야 하고, 언덕 위에 천하디 천하게 피어 있는 풀포기 한 점이라도 아름답게 가꾸어주는 것이 참 나라 사랑이 아니겠는가?

나라의 땅에서 얻어먹고 살았으니 또한 내가 얻은 만큼 돌려주고, 바다에서 뛰노는 고기를 잡아먹되, 그들도 번식하도록 살펴주고, 내가 땅을 팠으면 다시 그 땅을 메꾸어 주는 마음으로 우리 땅을 가꾸어야 한다.

그리고 우리나라 우리 국토를 다른 사람에게 내어주지 말고, 우리들 스스로가 먼저 지켜야 한다. 남의 힘을 빌리기 전에 우리의 혼백魂魄으로 스스로 지켜나가야 한다.

나라 사랑은 남이 하는 것이 아니라, 내가 하는 것이다. 애국심은 남에게서 얻는 것이 아니라 내가 주는 것이다. 참으로 나라를 사랑하고 애국하는 사람이라면, 내가 나라를 위해서 어떻게 해야 할 것인가를 찾아가는 사람이다.

참으로 나라를 사랑하고 아끼는 사람은 시킴에 있지 않고 스스로가 챙겨서 하는데 있다.

"이 기상氣像과 이 맘으로 충성忠誠을 다하여,

괴로우나 즐거우나 나라 사랑하세".

제 **4** 장

그래도 역사는
기록 되고 있다

시간時間과 공간空間 속에서 되어진 사건事件들을 기록한 것이 역사歷史라고 한다면, 참 역사는 쉬임이 없이 계속해서 기록되어지고 있다고 해야 할 것이다.

그래서 역사는 거짓말을 할 수도 없고, 어느 한 가지도 제외되거나 빠질 수도 없다. 누구의 지시나 명령에 의해서 기록되는 것이 아니라, 스스로가 기록해 가고 있다. 우리가 역사를 더 많이 알아야 한다는 뜻도 그래서 중요하다.

한 사람의 개인을 위해서 기록한 것을 전기傳記라고 하고, 한 가문家門의 기록을 족보族譜라고 할 것이고, 한 나라에 대한 기록을 국사國史라고 할 것이다.

역사는 산골짜기를 타고 흐르는 물이 다 흡수하여 흐르면서 강江을 이루어 바다로 가는 것처럼, 역사歷史라는 사건의 물결도 흐르고 흐르면서 모든 것들을 다 흡수하여 역사 속에 품어 안고 세월歲月속으로 파묻혀가고 있다.

역사 속에 끼어서 살아가는 사람이란 시간 속에 태어났다가 시간 속에 가는 것으로 끝나는 존재다. 그러나 한 가지 분명히 다른 것이 있다면, 사람은 역사를 머금고, 역사의 꽃을 피우면서 살아간다.

누가, 언제, 어디서, 무엇을, 어떻게, 왜 그렇게 해야 했던가를 기록으로 남기면서 살아간다. 그것들을 써 놓은 것이 역사라는 것이다. 그렇다면 결국 역사의 주인은 사람이 되어야 한다는 말인가?

그렇지 않다. 결코 그럴 수가 없다. 시간 속에 태어나서, 시간 속에 살다가, 시간 속으로 사라지는 것이 사람이기 때문에 결코 유한有限한 사람이 역사의 주인일 수는 없다. 그래서 참 역사의 주인은 시간과 공간 속에 끝이 없는 무한정의 실재實在가 되어야 한다.

그 실재를 하나님이라고 한다면 결국 참 역사의 주인은 하나님이라는 말이다. 참 역사의 주인이신 하나님은 시작도 끝도 없는 완전한 실재實在이시다. 그래서 하나님 앞에서, 하나님의 뜻을 따라, 하나님이 보시기에 맞아야 한다. 하나님 보시기에 옳아야 한다. 여기에 참의 가치가 있다.

그래서 하나님은 진리真理이시다. 참의 가치기준價値基準이 되신다.

사람들의 본本이 되신다. 내가 나 됨의 기준基準이시다.

나는 하나님 안에서, 하나님 중심으로 살아가는 내가 되어야 한다.

내가 하나님 중심으로 살아야 한다는 것은, 어느 누구나 무엇에 치우침이 없고 편벽됨이 없는 하나님 중심의 사람이라는 말이다.

하나님 앞에서는 눈가림이 있을 수 없다. 치우침 같은 것도 있을 수 없다. 정직正直 이외의 것은 용납될 수 없다.

그래서 그런 것들을 바로 써 놓은 역사를 알아야 하고, 그 역사를 배워야 하고, 역사를 따라서 생각을 해야 하고, 역사를 따라서 살아야 하고, 역사를 통해서 희망을 가져야 한다는 말이다.

1

역사 속에 태어
'나'라고 하는 사람

'나'라고 하는 사람은 분명히 역사歷史를 배경으로 하고, 역사
의 한 가운데 자리를 차지하고 태어났다.

아무리 세상이 넓고 사람들이 많아도 그 모든 것들을 다 제
치고 역사의 한 가운데, 대우주大宇宙의 중심에서 내가 태어났
다. 만약에'나'라고 하는 존재存在가 없었다면 이 세상 모든 존
재들도 있지 않았을 것이고, '나' 외의 어느 한 사람도 이 세상

에 있지 않았을 것이다. 그토록 이 세상은 내가 있어서 모두 있고, 나를 중심으로 모든 것들이 존재한다.

그래서 나는 역사의 중심이 되고, 모든 사람들 가운데 가장 귀한 나만의 존재가 되었다.

내가 존재의 중심이 되고, 역사의 중심이 되기 위해서는 내가 역사를 일구어 내야 한다.

먼저는 역사 속에 '나'라고 하는 존재를 드러내야 하고, 다음에는 사람들이 그 역사를 배우도록 해야 하고, 마지막으로는 후대의 사람들이 그 역사를 따르도록 해야 할 내가 되어야 한다는 말이다.

사람됨의 가치價値를 무엇에다 비교하여 표현해야 할 것인가를 생각해 보라.

이 하늘 아래 내가 없는 세상이 어디에 또 있다는 말인가?

이 세상의 모든 것들은 내가 있어서 있고, 나를 위해서 있을 뿐이다. 그래서 나는 천하를 주고도 바꿀 수 없는 자아自我로서의 '나'다.

내가 날마다 노력하고 힘쓰는 것은 길을 닦기 위함이다. '나'만이 아니라, 다른 사람들이 딛고 다닐 길을 닦기 위해서 일을 한다. 땀을 흘리면서 힘써 일을 한다. 내가 심은 나무의 열매를 따먹고 배를 채우라고 열매의 나무를 심는다.

내가 닦은 길을 누가 걸을 것인가를 탓해서는 안 된다. 내가 심은 나무의 열매를 누가 따서 먹을 것인가를 물어서도 안 된다. 힘이 있는 한 힘껏 노력을 해서 길을 닦아야 하고, 열매 맺는 나무를 심어야 한다. 그렇게 하는 것이 곧 '나' 자신이다.

"호랑이는 죽어서 가죽을 남기고, 사람은 죽어서 이름을 남기라"豹死留皮, 人死留名라고 했다던가?

이름을 남겨야 한다는 말의 뜻이 무엇일까? 그 이름을 알아보고 따르게 하는 이름을 남겨야 한다는 말이 아니겠는가? 사람의 가치는 죽어서 그 뚜껑을 열어봐야 안다고 했다.

사람이면 남녀노소 할 것 없이 이 세상에서 자기의 수명壽命대로 살다가 죽는다.

사람이면 누구나 아무도 피해 갈 수 없는 죽음을 당하게 된다.

이 세상에 태아 났다는 것과, 먹고 입고 살다가 죽어 간다는 것은 어느 누구 할 것 없이 다 꼭 같다. 그러나 어떤 사람은 시간 속에 왔다가 시간 속에 없어져 버리는 사람이 있는가 하면, 아주 끈질기게 그 이름이 남아서 살아있는 사람들을 마음대로 움직이는 죽지 않고 살아서 움직이는 사람이 있다.

이는 유령幽靈도 귀신鬼神도 아닌 역사 속에 살아있는 사람됨의 가르침이다.

이는 누구만이 해야 할 일이 아니라, 누구나 할 수 있는 일이다. 못해서가 아니라 안 하기 때문에 해내지 못한 일이다.

남의 이야기로 역사를 말하지 말고, 나의 이야기로 역사를 쓰는 것이 사람됨의 정도正道가 아닐까? 무엇이 뛰어나서였다는 특기特技도 말고, 그저 사람됨의 가치價値를 역사 속에 심어 둘 때에 사람들은 그것을 배우고 그것들을 따른다.

더 바른 역사를 더 많은 사람들이 다 알아야 한다. 그 역사의 중심에 서 있는 나를 보고, 알고, 배워서 따르게 해야 한다.

사람들이 말하는 역사의 중심에 우뚝 서 있는 나를 알게 하기 위해서, 나를 배우게 하기 위해서, 나를 따르게 하기 위해서 참으로 아름다운 역사를 써야 한다.

그것이 참 인생의 길이요 해야 할 일이다.

2

말로 풀어보는 우리 문화

　어쩌다가 우리 한국 사람들의 입에 붙어 다니는 말 가운데, "아이고 죽겠네"라고 하는 말이 따라 다니는지 참으로 안타깝다. 너무도 자주 쓰는 것 같다.

　얼마나 힘들고 고되었으면, "아이고 죽겠네"라고 하는 말이 그렇게도 쉽게 나올까?

　바로 이 말이 우리나라 한국 사람들의 억척스러움을 나타내는 말이라는 것을 모르지는 않는다. 기를 쓰고 악착같이 벌어

먹고 살기 위해서 일을 하다보니, 자기의 건강健康이나, 힘든 것은 아랑곳 하지 않고 열심히 일을 해서, "이제야 먹고 살만 하다"라고 하면서 허리를 펴고 일어서려니, 허리가 너무 아파서, "아이고, 아이고, 허리야, 너무도 힘들어서 죽겠네. 허리가 아파서 죽겠네"라고 하는 데서 생긴 말이다.

현대인들에게는 매우 생소한 말 같은 "아이고 죽겠네"라고 하는 말은, 우리의 선조들이 했던 말이고, 나를 낳아서 기르고 가르쳐 주신 우리 어머니와 아버지가 하셨던 말이었다.

지금 우리나라는 경제적經濟的으로 세계의 선진 대열에 끼어서 사실상 가난에서 자유롭게 해방 된 나라라고 해도 될 것이다. 그래서 현재를 살아가는 젊은 세대에게는 "아이고 죽겠네"라고 하는 말이 별로 실감이 나지 않을 것이다.

그러나 현재를 일으켜 낸 우리의 선조宣祖들은, "아이고 죽겠네"라는 말을 습관적으로 내어 뱉으면서 일구어 냈다는 것을 몰라서는 안 될 것이다.

"힘들어서 죽겠네, 배고파서 죽겠네, 아파서 죽겠네,,,,,"

이 말을 자주 쓰다보니, "좋아서 죽겠네, 예뻐서 죽겠네, 배불러서 죽겠네,,,," 등으로 입에 붙은 말로 습관화習慣化 되어 버렸다. 그러므로 이 "죽겠네"의 말과 함께 현대인들이 누리는 부富와 풍요豊饒를 낳게 한 자랑스러운 말이다. "죽겠네"라고 하는 말 속에서 흘러간 우리의 '옛 문화'를 읽는다.

또한 "우리 남편", "우리 영감"이라는 말을 모든 여성들에게서 아직도 자주 듣는다. 이는 하나의 잘 못 된 습관에서 무심결에 하는 말일 것이다. 그러나 알고 보면 참으로 잘 못 된 말이다. 대관절 그 여인의 남편은 첩妾을 몇 명이나 거느리고, 자기는 몇 번째의 아내이기에 그렇게도 쉽게, "우리 남편", "우리 영감"이라는 말이 자연스럽게 나오는 것일까? 현대 여성치고 첩살이를 하는 여자도 없고, 첩들 사이에 끼어서 살아가는 사람도 없다.

습관習慣치고는 참으로 나쁜 습관적인 말인데도 이 말을 자주 들을 수 있다.

"우리 남편", "우리 영감"이라는 말이 쉽게 나오는 것은 잘 못된 우리의 풍속 때문이요, 잘 못된 습관으로서 반드시 고쳐야 할 말 중의 하나이다.

이 말이 나오게 되었던 이유는 일부다처제一夫多妻制에, 양반 상놈하면서 남존여비男尊女卑의 잘 못된 유교사상儒敎思想이 가져다 준 아주 나쁜 버릇이 습관화習慣化 되어있기 때문이다.

일부다처제一夫多妻制에, 양반과 상놈으로 갈리는 계급사회階級社會에, 철저히 봉건사회제도封建社會制度의 잘 못 된 시대를 살아온 우리 조상들의 습관이 아직도 말의 잘 못된 관행을 그대로 쓰고 있다는 것은 매우 부끄러운 일이다.

잘 못은 고치면 된다. 영국의 철학자 플러Fuller라고 하는 사람은 말하기를, "잘 못을 고집하면 악마惡魔요, 그 잘 못을 뉘우치고 고치면 성자聖者"라고 했다.

그러므로 우리는 잘 못을 고치면 될 것이다. 그러나 중요한 것은 그 시대의 문화를 말로 알려주는 것이기 때문에, 현대를 살아가는 사람들은 분명히 과거를 조명照明하여 새 시대를 살아가는 지혜로 삼았으면 한다.

무심결에 습관적으로 던진 말이기는 하나, 참으로 부끄럽기 짝이 없는 말들이 많이 포함되어 있다. 그러나 잘 못 된 말이라는 단순한 뜻에서보다 그 잘 못 된 말이 왜 사용되게 되었던가를 생각하면서, 새로운 문화를 엮어나가자는 것이다. 그렇지 않으면 우리가 일구어 낸 현대화現代化의 문화文化에 먹칠을 하는 것이 될 것이다.

많이 배웠다는 사람들로 얽혀있는 현대인의 사회에 이렇게 잘 못된 습관적인 말들이 그대로 활개를 펴고 있다는 것은 크게 잘 못 된 점이 있었기 때문이 아닌가?

교육敎育의 내용과 방법이 역사적歷史的이고, 문화적文化的이고, 윤리적倫理的일 때에 새로움의 아름다운 문화文化가 일어나게 될 것이다.

가정으로부터 시작하여, 학교 교육과 사회 교육의 모두가 지나칠 정도로 돈에 집착하다 보니, 실종失踪된 것들이 너무도 많다.

그 첫째가 사람됨의 가치관價値觀이라고 할 것이다. 사람이 사람 되기 위해서는 먼저 배워서 알아야 할 것이 있다. 보이는 것만이 아니라, 보이지 않는 것부터 배워야 하고 알아야 한다. 이를 우리가 자주 쓰는 언어言語 곧 말 속에서 찾아내어 새로운 시대를 열어가야 한다.

참 된 교육은 경제를 중심으로 한 돈을 벌기 위한 것이 아니라, 먼저 사람됨에 대한 것이다. 학교가 학문學問의 전당이기 이전에 먼저 진리眞理의 전당이라는 것을 알아야 한다. 돈은 목적이 아니라 삶의 수단이다. 매사를 정치적政治的인 논리나, 경제적經濟的인 논리로 해석하지 말고, 참 가치관價値觀을 중심으로 한 교육이라야 한다.

그렇게 해서 현대인들의 바른 생각을 흔들어 놓은 잘 못 된 관행들을 하나하나 고쳐나가야 한다는 말을 하고 싶다.

말로 풀어보는 우리의 문화文化 속에서, 고쳐야 할 것과, 지켜야 할 것들을 가려내는 것은, 현대를 살아가는 사람들이 또한 다음 세대에 넘겨 줄 하나의 큰 숙제宿題라고 해야 할 것이다.

3

감사하는 마음으로
살아가야 할 이유?

이 세상에 태어나서 살아가는 사람이라면 먼저 감사感謝하는 마음이 있어야 자기 긍정肯定의 삶을 영위할 수 있을 것이다.

감사라는 말은 고맙다는 말이고, 이 고맙다는 말은 곧 자기 긍정肯定 곧 "예"라는 말을 뿌리로 하고 나오는 말이다. "예"라는 긍정의 말을 하면 할수록 감사가 더 많이 나오게 되고, 감사할 일이 더 많이 생긴다.

먼저는 나에 대한 존재存在를 감사하고, 나를 있게 한 존재를 발생시켜 주신 분 곧 부모父母님께 감사하고, 모두 함께 얽혀서 더불어 살아가는 사람들에게 감사하고, 살아가는 방법을 행할 수 있어서 감사하고, 나의 목적을 성취할 수 있는 기회가 있다는 것을 감사하고, 감사할 줄 아는 자기 스스로에게 감사하면서 살아가야 할 것이 아닐까?

대한민국 국민 된 것을 감사하고, 나도 무엇인가 나라를 위해서 작은 일이라도 할 수 있다는 것을 감사하고, 내가 하는 일들이 다른 사람들에게 유용有用하게 쓰여 진다는 것을 감사하고, 나와, 너와, 그가 모두 함께 얽혀서 더불어 살아간다는 것을 생각하면 감사하지 않을 것이 없는데도, 현대인들은 어느 순간에 감사를 잊어버린 국민이 되어 버리지는 않았나 하는 것을 안타깝게 생각 해 본다.

하나님께 감사하고, 부모님께 감사하고, 가족들에게 감사하고, 함께 살아가는 이웃들에게 감사하고, 나와 함께 삶을 같이 하는 모든 사람들에게 감사하고, 감사를 하다보면 모두가 감사할 것뿐인데도 감사할 줄을 모르면 이 세상을 살아갈 맛이 무엇이 있겠는가?

그래서 우리는 감사하는 사람이 되어야 한다.

더 많이 감사하는 사람일수록 자기 인생의 행복幸福을 더 느낄 수 있을 것이다.

감사할 줄 아는데서 자기 인생을 긍정肯定하기 때문이다.

뭐?, 지금 우리 사회의 4대 악惡을 가정과, 학교와, 사회의 폭력暴力이라고 하고, 그 네 번째로 부정식품不正食品이라고 하던가? 감사할 줄을 모르고 사는 사회는 폭력暴力이 난무亂舞할 수밖에 없다. 법을 가지고 백성들을 책임지고 있다는 정부가 부패해서 부정식품이 사회악社會惡으로 등장했다.

왜? 감사할 줄을 모르고 살았기 때문에....! 돈만 있으면 다 된다고 했기 때문에....!

참 가치價値의 기준을 외면하고, 동물적動物的인 사람으로 살아왔기 때문에 생긴 일들이 아닌가?

우리 국민들은 모두가 새롭게 태어나야 한다. 먼저는 감사感謝할 줄 아는 사람으로 새롭게 태어나야 한다. 남들이 새롭게 태어나기를 기다릴 것이 아니라, 내가 먼저 새롭게 태어나야 한다. 자기긍정自己肯定의 사람으로 바꾸어져야 한다. 감사할 줄 아는 사람으로 바꾸어져야 우리 사회가 더 명랑해 질 것이다.

남들을 싫어하고 미워하는 증오憎惡의 못된 마음을 나에게서 먼저 뽑아내고, 감사感謝하는 사람으로 새롭게 태어나야 한다.

내가 바꾸어지지 않으면 아무도 새롭게 될 수 없다.

내가 변화變化되지 않으면 어느 누구의 변화도 기대할 수 없다.

내가 먼저 감사하다고 했는데, 누가 나를 싫어하고 미워하겠는가?

감사感謝는 '예'라는 긍정肯定을 낳고, 긍정하는 마음은 자족自足으로 연결 되고, 자족하는 마음은 나를 더 행복幸福하게 한다. 여기에 참 행복이 있다. 살아가는 맛이 숨겨져 있다. 그래서 우리는 감사하는 사람으로 다시 태어나야 한다.

누구에게나 항상 감사하다는 인사人事를 해야 하고, 끝났을 때의 인사말도 "감사 합니다"로 끝나야 한다.

우리나라 대한민국이 다시 살아나는 것은 '감사 운동'으로부터 시작 되어야 한다는 것을 호소한다.

4

황사, 미세먼지,
그리고 공해公害

아침마다 집을 나서기 전에 일기예보日氣豫報부터 듣는다.

오늘의 날씨는 어떨 것인가? 우선 비가 올 것인가? 안 올 것인가를 알기 위해서다.

그런데 '공해公害때문에'라고 하던 말이 언제부터 서인가 '마스크 쓰는 것을 잊지 말라'는 별로 달갑지 않는 말로 바꾸어졌다. 그 이유는 황사黃砂 때문이라고 했는데, 또 어느 새 '미세微細

먼지'때문이라는 말로 바꾸어졌다.

그리고 마스크를 써야 한다는 말이 거의 강제적인 뜻으로 들려질 정도이다. 특히 노약자들이나, 심장에 질환疾患이 있는 자들은 외출을 삼가는 것이 좋다고 한다.

참으로 기분이 좋지 않고, 절망적인 말인데도 들어야 하는 아침 뉴스 중의 하나이다.

우리나라만이 아니라 거의 전 세계의 모든 나라들이 환경부環境部라는 정부의 기구를 가지고 있을 것이다.

우리나라에도 분명히 환경부環境部가 있고, 보건복지부保健福祉部도 있다.

그런데 결국 정부에서 한다는 소리가 "마스크를 쓰라"라는 말로 끝나야 하는 것일까? 공해公害에 대한 근본적인 대책은 없을까? 방문을 굳게 닫고 앉아만 있으라면, 생계의 수단이나 건강 같은 것은 포기해 버리라는 말인가? 모든 돈을 마스크 사는데 다 쏟아 부어야 한다는 말인가? 그리고 언제까지 그렇게 해야 한다는 말이 없다. 참으로 안타깝고 답답하다. 언제까지 그렇게 해야 할 찌?

그리고 황사나, 미세먼지나, 이 공해에 대한 문제는 비단 우리나라에 대한 것만이 아니라, 거의 전 세계적인 문제이다. 한

결같이 미세먼지와, 황사와, 공해에 대한 원인은 말하면서도 이에 대한 대책을 내어놓지 않는다.

몰라서인가? 못 해서 인가? 아니면 안 하려는 것일까? 몰라서라는 말은 이해가 안 간다. 못해서라는 말도 설득력이 없다. 처음부터 안할려고 하는 마음에서라고 할 수 밖에 다른 말이 없다. 왜? 안할려고 하니까?

이에 따른 기술력技術力도 있고, 돈도 있고, 다 갖추어져 있는데 하려는 마음이 없다.

황사나 미세먼지는 사막지대沙漠地帶에서 날아오는 죽은 흙먼지가 아닌가? 그리고 자동차를 비롯한 공장지대에서 풍겨 나오는 매연煤煙가스의 독소毒素들이 아닌가?

그리고 공기를 맑게 해 주는 것은 식물植物들이 아닌가?

그렇다면 사막에 운하運河를 내세 생태계生態界를 바꾸어주면 될 것이다.

국제연합國際聯合이라는 U N 기구가 있다. 세계의 은행기구銀行機構도 있다.

그들의 하는 일이 인류의 평화平和와 행복幸福을 위해서라고 하면서, 공해公害에 대한 문제를 제쳐두고 평화를 논하고 행복을 논해야 하는가를 묻고 싶다.

지금 당장 자기의 곁에서는 굶어서 죽어가는 가난한 사람도 있는데, 그것들은 관심조차 갖지 않고, 우주개발을 위해서 몇십억 광년光年의 거리에 떨어져 있는 위성衛星에 수백억 달라의 돈을 퍼부어서 로케트를 쏘아 올린다는 말이 과연 맞는 말인가?

하나 밖에 없는 지구촌이 병들어서 먼지가 날리는데도 한다는 소리가, "마스크를 쓰라. 문을 닫고 들어앉아서 외출을 삼가라"라고 하는 말이 과연 맞는 말인가를 묻는다.

잘못 되어도 너무나 잘 못 되었다.

지구상의 사막지대를 찾아서 운하를 개설해야 한다.

현대인들의 기술은 능히 해낼 수 있다. 그리고 여기에 들어갈 돈타령을 하는데, 이 말이야 말로 터무니없는 넉두리 일뿐이다.

사치奢侈의 낭비浪費를 위해서 쏟아 붓는 돈이 얼마인가를 생각 해 보라. 그러면서도 우리의 건강健康과 수명壽命을 위해서 쓰는 돈이 아깝다면, 그것을 변명의 말이라고 할 것인가를 묻고 싶다.

또한 우주개발宇宙開發이라는 명분으로 쏟아 붓는 그 돈이 얼마인가? 전쟁무기戰爭武器를 개발하기 위해서 퍼 붓는 경제자원

經濟資源이 얼마인가?

안다고 하는 사람들이, 가졌다고 하는 사람들이, 지도자라고 하는 분들이 조금만 생각을

바꾸면 다 할 수 있는 일이다. 이를 위해서 국제연합國際聯合이 나서야 한다.

우리나라의 경우만 하더라도, 환경부와 외교부가 뜻을 모아서, 중국과, 일본과, 몽골과의 국교國交를 통하여 교섭을 하고, 우주과학자宇宙科學者들과 재벌財閥들을 설득하여 사막에 운하를 개설하면 생태계의 변화가 일어나서 식목植木들이 살게 될 것이고, 그렇게 되면 공해의 위기危機에서 세계가 다시 벗어날 수 있는데도 안 하고 있지 않는가?

중국에는 만리장성萬里長城이 있고, 리비아에는 2,000km에 이르는 사막 위에 운하運河가 개통되어 있다. 그것도 우리의 기술로 일구어 놓았다.

미세먼지에 대한 문제와, 황사에 대한 문제와, 공해에 대한 자연계의 위기는 비단 사람들에서 끝나는 것이 아니라, 자연계 모두가 함께 꺼져간다는 위기의 소리가 아닌가?

그래서 우리는 우선 지구 위에 있는 사막 위에 운하를 개설해야 한다.

우주개발에 쏟아 붓는 천문학적인 재력을 돌려서 사막지대에 운하를 뚫어야 한다.

사막지대에 나무를 심는다는 것은 일과성의 과시적誇示的인 하나의 행사에 불과하다.

운하를 개설하면 나무를 심지 않아도 식물이 살아난다. 몰라서가 아니라 안 하는 마음을 바꾸어야 한다. 그렇게 해서 우선 생태계를 살리고 지구를 되살려야 한다.

사막지대沙漠地帶에 운하를 개설하는 것은 경제적으로도 불가지수不可知數의 경제적인 실리實利를 챙길 수 있다.

사막 위에 운하를 세워서 맑은 물이 철철 흐르게 될 경우 새롭게 형성되는 농경지農耕地가 얼마나 생기게 될 것인가를 생각해 보자.

또한 세계 인구가 자연스럽게 옮겨 사는 새로운 분포分布를 이룰 것이다.

이 지구상에서 살아가는 사람들에게는 별천지의 별나라가 아니어도 얼마든지

우리 지구상에서 여유를 누르면서 평화롭고 행복하게 살아갈 수 있다.

그런데도 안 하는 것이 문제다.

이제부터 서라도 세계의 국제연합기구^{國際聯合機構}가 일어서야 하고, 각 나라의 정부끼리 나라들끼리의 연합기구^{聯合機構}가 만들어져야 하고, 공해를 극복하기 위한 새로운 시도가 나타나야 한다.

그리고 우리정부, 대한민국^{大韓民國} 정부는 우선 중국^{中國}과, 몽골^{蒙古}과, 일본^{日本} 나라들에 사막에 운하를 개설하는 일에 앞장서서 이를 제의해야 한다.

이것이 미래의 우리나라 대한민국^{大韓民國}이 세계에 앞장 서 갈 하나의 길이요 방법이 될 것이다.

5

하루의 행복을 찾아서

사람이 살아간다는 것을 행복지수幸福指數에서 찾는다.

그 행복지수의 출발은 하루하루의 삶에서 찾는다. 날마다의
생활에서 얻지 못한 행복이란 있을 수 없다.

그렇다면 그 날마다의 행복지수는 어디에서 찾으며, 누구에
게서 얻는 것일까?

행복이라는 것은 어디에서 찾는 것도 아니고, 누구에게서 얻

어서 갖는 것도 아니다.

자기 스스로가 만들어야 하고, 자기에게서 찾아야 한다. 그것이 참 행복幸福이다.

어떻게 만들어야 할 것인가? 자기 스스로의 마음에 있는 것을 끄집어내야 하고, 자기의 얼굴로 나타내야 한다. 참 행복이라는 것은 남들이 주는 것도 아니고, 어디에서 얻어서 갖는 것도 아니다. 자기 스스로가 자기에게 있는 것을 가지고 만드는 것이다.

사람마다 희喜, 노怒, 애哀, 락樂, 애愛, 오惡, 욕慾의 일곱 가지 감정感情이 있다. 이것을 가리켜서 인간의 칠정七情이라고 한다.

그 일곱 가지의 감정은 어느 누구가 주는 것이 아니라, 모두가 한결 같이 자기의 마음에서 나오는 것이다. 그 일곱 가지의 감정을 지배하고 명령을 하는 것은 자기의 양심良心이 있을 뿐이다. 자기의 양심은 어느 누구의 지배나 간섭에서 나오는 것이 아니라, 자기 스스로의 마음에서 나온다. 자기 스스로의 마음에서 판단하여 옳은 것이면 옳은 것이다. 그러므로 참 행복은 자기 양심의 판단에서 옳다고 생각되는 마음에서 나온다.

자기 양심에서 옳다고 하는 것은 먼저 긍정적肯定的인 답에다 뿌리를 두고 있다.

긍정적인 마음에서 나오는 답이 곧 "예"^{Yes}이다. 이에 반대의 말이 곧 "아니요"^{No}라고 하는 부정적인 말이다.

자기의 인생을 '예'라는 답으로 살아가는 사람이라야 참 행복을 누리는 사람이다.

긍정적인 삶을 하는 사람의 표정은 항상 맑고 부드럽고 화평^{和平}스럽다. 그것은 아니라는 말을 바로 하기 때문이다. 예는 곧 아니라는 것을 물리쳤다는 말이다.

참 행복을 누리는 자는 외유내강^{外柔內剛}의 마음으로 자기를 관리할 줄 안다.

행복을 누리면서 긍정적인 삶을 하는 사람에게는 자기 인생의 운명을 잘 받아드리는 마음이 준비되어 있다. 어떠한 시련^{試鍊}이나 고통^{苦痛}만이 아니라, 자기의 죽음까지도 평화로운 마음으로 받아드릴 줄 아는 사람이다.

죽음이라는 것은 피^避해서 비껴나갈 수 있는 것이 아니라, 사람이면 누구에게나 있는 필수적인 과정^{過程}일 뿐이다. 더 오래 살아가는 장수^{長壽}나, 더 빨리 죽는 단명^短

命은 시간상의 차이^{差異}일뿐이다. 죽는다는 원칙에 다름이 있을 수 없다.

자기의 죽음을 긍정적으로, "예"하고 받아드릴 수 있는 마음의 준비가 되어 있는 사람은 참 행복을 누릴 수 있다.

그러므로 자기의 행복을 다른 사람에게서 구하고, 다른 것에서 찾는다는 것은 참으로 행복이 아닌 어리석은 일이다.

특히 현대인들은 돈에서 자기의 행복을 찾는다. 이는 너무도 지나친 잘 못이다.

그것은 욕심欲心일 뿐이다. 욕심이 마음을 지배하고 있는 한 참 행복은 오지 않는다.

돈에 대한 욕심 같은 것을 모두 다 내려놓고, 마음을 비워야 행복이 온다. 마음을 비우지 않고 돈에 대한 욕심이 차있는 한 참 행복은 오지 않는다.

일단 이 세상에 태어난 모든 사람들은, 자기 스스로가 유일무이唯一無二한 존재로서, 오직 한 사람의 '나'라고 하는 것을 바로 인식해야 한다.

천하를 주고도 바꿀 수 없는 자기를 가장 슬기롭게 관리하는 것이 행복幸福이라는 것이고, 그 행복은 자기 스스로가 만들어 나가는 것이고, 자기 스스로 행복을 만들어가기 위해서는 긍정적肯定的인 사람이 되어야 하고, 참 행복한 사람일수록 자기만이 아닌 남을 배려配慮하는 마음을 갖는다.

더불어서 함께 살아가는 이 세상에서 자기만을 위해서 살아가는 사람은 첫째로 참 행복을 모르는 사람이고, 참 행복을 모르는 사람은 자기 자신을 지켜나갈 수 없다.

자기를 바로 지켜나가기 위해서는 다른 사람을 생각하는 배려配慮의 마음이 있어야 하고, 배려하는 마음은 자족自足하는 마음에서 출발한다.

자족할 줄 아는 사람의 마음은 욕심을 내지 않는데 있다. 욕심을 버리면 항상 넉넉하다는 여유餘裕를 느낄 수 있다. 이 세상 하늘 아래 모든 것들이 자기를 위해서 있다는 풍요豐饒로움에 대한 자족의 마음을 가지면 욕심을 내야 할 필요가 없다.

누구에게나 있는 참 행복을 스스로 만들어서 행복하게 살아야 한다.

세계 전 인류의 참 평화平和와 참 행복幸福은 내가 스스로 만들어서 갖는 자기의 마음에서부터 시작 된다. 자기 관리를 바로 할 줄 아는 사람의 마음에서 다른 사람을 생각하는 배려하는 마음이 생긴다.

전 세계 인류를 논하기 이 전에 자기 스스로를 바로 행복하게 관리하라.

그러면 세계의 평화는 다가 올 것이다. 그리고 모든 사람들이 참 행복을 누릴 수 있을 것이다.

6

하루를 보내는 마음

오늘도 하루를 살고 해가 저물었다.

해가 지고 날이 어두워졌으니 또 하루가 지나간 것이다.

밤이 되었으니 모든 하루의 일과를 접어두고 잠자리에 든다. 몸은 피곤하다고 하는데 쉽게 잠이 오지 않는다. 빨리 잠이 들지 않는 이유가 무슨 까닭일까? 쉽게 잠이 오지 않기 때문에 곰곰이 생각에 잠겨든다. 하루 동안에 되어진 일들을 생각 해 본다. 다시 돌아오지 않는 하루를 보내는 마음일까? 하루를 기준하여 잠을 자는 시간을 8시간으로 했을 때에, 사람의 활동시간은 16시간 이상이나 된다. 그런데도 그 긴긴 하루를 어떻게 보내었는가를 생각 해 본다. 하루를 보내면서 좀 더 보람 있게 보냈다고 생각되는 시간은 얼마나 되었던가를 생각 해 본다. 스스로의 마음에 하루라는 시간을 두고 부끄러운 일은 없었던 가를 생각 해 본다. 그리고 또 하루가 올 찌라도 그 자랑스럽게 보냈다고 생각되는 시간들을 그렇게 지켜날 수 있는가를 생각 해 본다. 자기 인생이 얼마를 살았든지 하루에 지나지 않는다는 생각을 하면서, 영영 되돌릴 수 없는 나의 인생을 빼앗겨버린 것이 무엇이며, 더 아름답게 가꾸고 싶은 시간 속의 일들을 하겠다고 다짐도 해 본다. 이런 생각, 저런 생각을 하다보면 잠은 멀리 도망쳐 버리고 피곤에 지친 육체와는 상관없이 정신이 더 맑아진다.

자정 0시로부터 시작하여 시계바늘이 두 바퀴를 돌아서 다시 밤중 12시를 가리켰을 때에

24시간을 두고 '하루'라고 한다. 더 자세하게 말하면 23시간 58분 6초의 시간을 두고 하루라고 한다.

1년 365일 중의 그 하루는 23시간 58분 6초라는 말이다.

자기가 몇 년을 살았든지 하루의 연속일 뿐 시간적으로 다른 것은 아니다.

그런데 그 하루 사이에 되어진 일들을 생각 해 본다. 내가 했던 일들은 하루하루 되풀이 되는 연속連續으로 끝나는 것일까? 반복적으로 되풀이 되는 나의 하루는 그렇게 해서 영영 가버린 것일까? 다시 돌아오지 않는 영원永遠 속으로 떠나 버린 것일까?

단 하루였는데, 그 사이에 나는 힘이 빠져서 늙어가고, 내 인생이라는 것을 도둑맞고 있다. 하루 동안에 내 운명이 결정되어지고 있다. 알고 보면 세월歲月이라는 것은 오랜 것이 아니라, 하루의 연속일 뿐이다. 그래서 하루가 값지고 소중하다.

성공으로 가는 길은 오직 하루에 있다. 하루의 성공成功이 곧 성공이요, 하루의 실패失敗가 곧 실패일 뿐이다. 부끄럽지 않은 하루, 자랑스러운 하루, 기억 속에 남겨두고 싶은 하루를 살아야 한다.

하루라는 그것이 내 인생을 빼앗아 가는데도 나는 철저히 속아서 살아가고 있다는 것을

모르고 있다. 우리는 하루의 가치價値. Value를 모르고 살고 있다. 그래서 쉽게 잠이 오지 않는 이유를 나는 모르고 있었다.

철부지로 살아가던 어렸을 때는 더 몰랐다. 나이가 차서 내 인생이 기울어져 가는데도 하루의 소중성을 미처 알지 못하고 살았다. 그것은 관심을 갖지 않았기 때문이다.

단 하루의 가치와 소중함을 안다면 어떻게 그 하루를 뜻 없이 넘길 수 있었겠는가?

사람들은 하루가 내 인생의 운명運命을 결정짓는다는 것을 모르고 살아간다. 참으로 아쉬운 일이다.

잘 못을 알았으면 새 출발을 해야 한다. 내일은 없다는 마음으로 살아야 한다. 그리고 새 출발을 해야 한다.

그 '새 출발'을 언제부터 해야 할 것인가? 바로 오늘부터 시작해야 한다. 오늘부터 시작한 새 출발은 '단 하루'로 끝나 버린다. 그러므로 바로 오늘부터 '새 출발'을 하자. 오늘부터 내 인생을 시작하자.

'때가 되면 될 것이다'라고 하는 가정假定이 아니라, 지금 그 생각을 하는 그 순간, 바로 그 날부터 시작해야 한다. 하루에 해야 할 일을 뒤로 미루는 습관은 내 인생을 좀먹는 도둑이다. 하루가 지난 다음의 나는 없다는 마음으로 하루를 살아야 한다.

일자日字가 없는 역사歷史는 없다. 아무리 크고 중요한 일이었다고 하더라도 그것이 어느 날에 기록된 역사인가 하는 "하루"의 문제일 뿐이다.

결국 역사 속에 되어진 큰 사건이었다고 할 찌라도 '하루'라고 하는 날 속에 기록 된다. 그러므로 그 하루가 소중하다는 말이다.

우리는 하루살이를 귀찮고 달가롭지 않은 귀찮은 곤충昆蟲이라고 생각한다.

그러나 알고 보면 그 하루살이의 곤충이나, 100년을 살았다고 하는 사람이나, 그 생애生涯의 끝은 죽었다고 하는 것으로 공통분모共通分母를 이룬다. 죽음이라는 답이 같다는 말이다.

그러나 인생은 역사歷史 속에 이름을 남겨두고 죽는다.

이름을 남겨 둔 그 역사를 남의 것이 아닌, "나의 것"으로 만들어야 한다. 그 때문에 사람은 배워서 알아야 하고, 배운 만큼의 일을 해야 하고, 무엇인가 더 많은 사람에게 아름다운 덕德을 남겨야 한다.

덕德이라고 하는 것은 동물의 세계에는 없다. 사람의 세계에만 있다. 그러므로 더 많은 덕德을 쌓아야 한다. 덕망德望 높은 사람은 죽었으나 산 사람이다. 역사 속에서

살고, 모든 사람들의 가슴 속에 살아있다. 그래서 더 많은 사

람에게 덕을 쌓고, 아름다운 이름으로 남기 위해서 하루를 살아야 한다.

옛 이야기 한 가지를 글로 소개 해 본다.

1년을 살고자 하면 곡식을 심고居之一歲 種之以穀, 10년을 살고자 하면 나무를 심고居之十歲 樹之以木, 100년을 살고자 하면 덕을 심어야居之百歲 來之以德한다.

100년이고, 천년이고, 그것들은 모두가 '하루의 이음새'에 불과하다.

알고 보면 인류의 역사歷史도 사람에 의해서 이루어진 것들의 기록일 뿐이다.

그것이 오랜 시간을 두고 이루어 진 것이 아니라, '하루'라는 시간 속에서 이루어 진 것이다.

"하루를 더 열심히 살고, 하루를 더 보람 있게 살고, 하루를 더 효과 있게 살고, 하루를 기록으로 남기면서 살자. 나의 인생은 하루가 말 해 줄 것이다".

제 **5** 장

아리랑 고개로
넘어 간다

우리 국민 모두의 가슴 속에 새겨져 있는 아리랑 노래는 이를 지은 작사자(作詞者)가 누구인지, 또는 작곡(作曲)을 한 사람이 누구인지도 잘 모른다. 그런데도 말을 할 수 있는 사람이면 누구나 이 아리랑 노래를 곧 잘 따라 부르고 익히 안다. 그래서 이 노래가 우리의 민요(民謠)로 애창되는 노래이고, 세계의 사람들이 즐겨 부르는 노래의 가락이다.

우리나라의 민요, 이 아리랑은 지역마다 있다. 곡(曲)과 가사(歌詞)는 약간씩 다른 차이(差異)를 가지나, 역시 아리랑은 아리랑이다.

아리랑 노래는 행복한 사람, 외로운 사람, 즐거운 사람, 슬픈 사람을 가리지 않고 모든 사람의 정서(情緒)가 흠뻑 담겨있는 우리의 민요다.

세계의 사람들이 가장 잘 부르고 가까이 다가가고 싶은 우리 한국의 민요가 곧 아리랑이다.

어쩌면 현재를 살아가는 모든 사람들이 아리랑 고개를 넘어가고 있는 것 같은 과도기적(過渡期的)인 뜻을 가지고 있는 것 같아서 이 민요가 더욱 생각을 일으키게 한다.

본래 '아리랑'하면, 아리랑 타령(打令)의 준말로 표현하고 있다.

그러나 그것을 한자(漢字)의 원문대로 풀어가면서 그 뜻을 한 번 생각 해 보려고 한다. 알고 보면 사람에 따라서, 혹은 자기의 처지와 형편에 따라서 생각나는 것들이 많을 것이다. 그래서 이는 전적으로 내가 생각하는바 그대로를 말하려고 한다.

아 리 랑   아 리 랑   아 라 리 요

阿里狼 阿里狼 阿羅里遶

아 리 랑   고 개 로   염 어 간 다   나 아 할 발 리 고

阿里狼高 皆路 念御看多 奈我割發離苦

가 시 난 임   십 리 도 무 가 서   발 병 난 다

可視難任 十里倒 鵝可徐 發病難多

이에 대한 뜻을 간단히 설명 해 보려고 한다.

사람에 따라서 뜻이 다를 것이나 참고로 나의 생각을 말할 뿐이라는 것을 말 해 둔다.

아리랑이라고 하는 새댁 아가씨가,

아라리라는 마을에서 살던 아가씨가,

봇짐을 싸지고 아라리 마을의 임을 생각하면서 아리랑 고갯길을 넘어

간다

나를 가엽게 여기지 않고 버려서 떠나게 하시는 임은

십리도 가지 못가서 많은 어려움을 당하는 병이 들것이다.

분명히 이 노래의 주인공은 시집살이에서 쫓겨나서 단봇짐을 싸들고

시댁마을을 떠나가는 여인네를 주인공으로 하는 노래의 가사인 것 같

다. 무엇인가 비운의 뜻을 담고 있다.

자기는 잘 못 한 일이 없었는데도 억울하게 쫓겨나서 아리랑 고개를 넘

어가고 있지만, 그런데도 자기의 임을 원망하고 욕을 하는 것이 아니

라, 자기는 신세타령 속에 울면서 이 고개를 넘어가고 있지만, 행여라

도 자기의 임이 어려운 일을 당하지나 않을까하여 염려하는 마음에서 아리랑 고개를 넘어가고 있다는 것으로서, 우리 사회의 풍속도風俗圖를 그려 놓은 것 같은 민요民謠라고 생각 된다.

그리하여 어쩌면 우리 사회의 과도기적過渡期的인 구석구석을 살펴 보개 하는 뜻이 담긴 것 같기도 하다.

아리랑 민요는 슬픈자들에게나, 기쁜 사람들을 가리지 않고 누구나 부를 수 있는 가사요 곡으로 되어있다. 남녀노소男女老少를 가리지 않고, 부르면 부를수록 더 친밀하게 닥아 가는 우리 한국 사람의 민요다.

어쩌면 우리 민요 아리랑은 우리 인간의 칠정七情을 모두 담고 있는 특별정서特別情緖의 노래라고 할 것이다.

그러므로 아리랑은 어느 누구나, 어떠한 환경에 처해 있든지를 가리지 않고, 자기의 형편과 처지에 따라서 자유롭게 부를 수 있다. 가사도 쉽고 곡도 쉬워서 세계의 모든 사람들이 아라랑을 더 좋아하고 사랑한다.

세계의 사람들이 우리 한국을 배우기 위해서는 먼저 아리랑 민요로부터 시작하여 다가 온다.

곡도 쉽고, 가사도 쉽고, 뜻도 쉽게 다가올 수 있는 민요로서, 전 세계의 모든 젊은이들이 더 즐겨 부르는 우리 민요 아리랑을 사랑한다.

아리랑 아리랑 아라리요

아리랑 고개로 넘어 간다

나를 버리고 가시는 임은

십리도 못가서 발병 난다.

아리랑 아리랑 아라리요

아리랑 고개로 넘어 간다

1

이 일들을 어떻게 하면 좋을까?

 봄이 왔는데도 봄이 아니고, 봄인지 여름인지를 모르고 살아야 한다.

 모처럼 비가 내리고, 비가 개인 다음에 맑은 하늘을 보고 맑은 공기를 마시고 싶은데도 창문을 열수가 없다. 미세微細먼지다, 황사黃砂다, 공해公害다 하여 창문을 굳게 닫아 두어야 하고, 밖에 외출을 할 때에는 마스크를 착용해야 한다고 귀가 따가울 정도로 떠들어 댄다.

하루에 2리터 이상의 물을 마셔야 한다. 그런데도 콸콸 쏟아지는 수돗물을 마음 놓고 마실 수가 없다. 물론 수원지水源池의 물이 나빠서가 아니라, 송수과정送水過程에서 송수관送水管의 파열破裂로 인한 오염이라는 이유를 모르는 것은 아니다.

그리하여 정수기淨水器에서 쫄쫄 세어 나오는 물을 마셔야 하고, 수돗물은 반드시 끓여서 마셔야 한다니 말이다.

이런 것들이 우리 정부가 권장하는 일이고보면, 근본적인 대책은 영영 없다는 말인가?

과학문명科學文明의 혜택으로 모든 것들이 편리하게 살아가고 있다.

그런데도, "이래서는 안 되는데?"라고 하는 불만 아닌 불평의 소리가 터져 나온다.

옛날에 비하면 아주 만족하게 잘 살고 있다. 잘 먹고, 잘 입고, 얼마든지 부富를 만끽하면서 살아가고 있다. 가난도 없어지고, 헐벗음도 없어지고, 배고픔도 없어졌다.

'보릿고개'라는 말은 사전에나 있는지 없는지, 현대인들에게는 이해조차 되지 않는 말이 되어버렸다.

남자들이 앞을 다투어서 귀걸이를 차고, 딸로 태어났으면 그

날부터 정형수술整形手術을 해줘야 할 것을 계획해야 한다. 여성들은 앞 다투어서 최고급 화장품으로 얼굴을 가꾸고, 몸매를 다듬다 보니 다 미인美人이요 잘 못 생긴 사람은 한 사람도 없어져 간다. 본래에 타고 난 모습은 없어져 버렸고, 내가 낳은 딸의 모습을 알아보기 조차 어려울 정도로 아름다움에 취해 있다.

남녀노소 없이 부지런히 움직이기만 하면 돈을 벌 수 있다. 경제적으로 자립을 하면, 무엇에나 자유로울 수 있다. 그 자유로 독신獨身을 주장한다. 구차스럽게 결혼을 해서 가정을 꾸며야 하고, 어린 아이를 낳아서 기르고 가르쳐야 하는 천륜天倫조차 소모성消耗性으로 생각하고 이를 배제 하려고 한다.

결혼을 해서 가정을 이룬다는 것 자체가 소모이기 때문에 차라리 혼자 사는 것을 즐긴다. 돈만 있으면 되니까 그 외의 다른 것들에 대해서는 생각을 해야 할 필요가 없다.

결혼을 해서 어린애를 낳고 나면 그 다음에는 어린 아이들에게는 앞으로 살아가기 위한 공부를 시켜야 하고, 젊은이들에게는 벌어먹고 살아가기 위한 일자리를 찾아야 하고, 결혼은 직장부터 확보한 다음에 해야 하니, 결혼기를 놓진 실기失機의 사람들이 날로 늘어만 간다. 또 결혼을 했다고 해도 신혼부新婚婦가 출산出産을 마다하니, 국방國防에 필요한 인력人力조차 확보할 수가 없어졌다.

잘 먹고, 잘 입고, 잘 살아가다 보니, 노인인구老人人口는 날로 늘어나서 고령화高齡化의 시대가 위협을 하고 달려온다.

사람마다 스마트 폰을 손에 들고, 차를 타던지, 길을 가면서도 손장난을 하면서 간다.

과연 이렇게 하는 것이 잘 하고 있는 일인가에 대해서는 생각조차 안 하는 것 같아서 아쉬울 뿐이다.

내가 누리는 것이 나의 권리權利고, 내가 하는 행동이 자유自由니, 누가 시비를 해 올 사람도 없다. 그저 돈만 있으면 된다. 아주 멋있게 고급 양복으로 차려입은 신사가 금시계를 차고, 금반지를 끼고, 골목길을 나서면서, 두 손가락 사이에는 고급담배를 끼고, 힘껏 빨아서 연기를 뿜어대고, 재를 날리고, 함부로 가래침을 뱉어댄다. 더구나 자동차를 몰고 가면서 차창을 열어 재치고 담배를 피우면서 달리는 사람들이 신사紳士고, 내 노라 하는 사람들이란다. 나만 좋으면 된다는 식으로 막가 파의 세상이 되어버렸다. 그런데도 이를 시비是非할 사람이 없다. 그것이 자유고, 그것이 민주주의 시민 사회라고 생각하니까! 그저 나만 좋으면 되고, 내가 하고 싶은 대로 하면 된다는 생각으로 가득 차 있으니까. 세상에 끝까지 이렇게 해도 되는 것일까?

그런데도 솔직하게 말해서, 정부에서는 과시적誇示的인 정책

만으로 국민들을 눈가림으로 다스리고 있지를 않는가 하는 의아심疑訝心을 가지게 한다. 입만 벌리면 돈타령이고, 지도자라고 하는 사람들은 오직 경제經題라는 말과, 젊은이들에게 일자리라는 말로 백성이 다른 생각을 갖지 못할 정도로 정신을 흐리게 해 버린다.

분명히 사람이 사람으로서 가져야 할 사람됨의 가치관價値觀은 없어져 버렸다.

돈만 있으면 된다. 성공成功이란 더 많은 돈을 가져야 하는 것이다. 부자富者가 되는 것이다. 잘 먹고, 잘 입고, 나만 잘 살면 된다. 부모도, 형제도, 이웃도, 처자식도 그렇게 중요하지 않다. 오직 돈이면 되고, 나만 잘 살면 된다.

상속지분相續持分을 잘 챙기면 되고, 더 많은 보험금保險金만 확보하면 된다. 우리 사회의 범죄원인의 모든 것은 거의 경제문제에서 온다. 참으로 안타까울 뿐이다.

지금 우리가 살고 있는 세상이 어디로 가고 있는 것일까?

자연은 병들어서 죽어 가는데도 대책이 없다.

사람의 가치관價値觀이 무너져서 실종失踪된지 오래인데도 모르는 척 넘겨 버린다.

사람의 눈속임 같은 것은 별로 상관할 바 아니다. 가능한 남들이 모르게 기술적으로 속여서 돈만 챙겨 가지면 '돈을 벌었다'라고 하고, 그렇게 해서 부자富者가 되고, 그것으로 성공을 했다고 뽐낸다.

뭐 사대악四大惡이라는 말을 들었다. 그 사대 악이란 가정폭력家庭暴力, 학원폭력學園暴力, 사회폭력社會暴力, 그리고 부정식품不正食品이라고 하던가?

우리 정부가 사대악에 대한 지적은 하면서도 이를 바로 잡기 위한 처방은 내어놓지 않는다. 이를 고쳐낼 수가 없어서가 아니라, 안 하는 것 같은 여운을 남긴다. 그냥 경제의 논리를 앞세워서 돈타령만 하면 된다. 해도 너무 잘 못 한 것 같다.

우리의 경찰은 참으로 힘들다. 범죄가 많으니 힘이 들 수밖에 없다. 근본적인 대책은 없고, 경찰들에게 단속만 하라고 하니 너무도 안타깝다.

학문學問이나, 정신精神이나, 사상思想 같은 것은 뒷전으로 밀어붙여 버리고, 돈만 있으면 된다. 돈으로 병들어가고, 돈 때문에 죽어 가는데도 돈만 있으면 된다고 하니, 그렇다면 이 세상을 치료治療하고 살려내는 길은 과연 무엇일까?

이렇게 되어가고 있는데도 처방處方이 없으니 이 일들을 어떻게 하면 될 것인가?

매사를 돈으로만 해결하려는 현대인들의 가치관價値觀이나, 우리 정부의 주장에 대해서 한 번 더 재고再考있기를 바란다. 이 래서는 안 되니까 말이다.

민주주의民主主義를 하기 위해서는 경제 이 전에 먼저 민주시 민民主市民을 만들어야 하지 않을까? 민주주의는 모두가 고루고 루 함께 더불어서 살아가는 사회의 제도라고 보는데, 우리에게 는 그런 것이 전혀 없다.

혼자서 가슴을 쥐어뜯는 심정으로 이런 글을 써 본다.

처음부터 끝까지 불평불만不平不滿을 털어놓자는 것이 아니라 치료를 위한 진단診斷의 방편으로 시비를 가려보려는 것이다. 참으로 안타까운 마음으로 이를 치료하기 위해서 나름대로의 진단을 해 보고 함께 처방을 생각하여 잘 못을 고쳐보려는 간 절한 마음을 담아서 글로 썼을 뿐이다.

2

자연自然이
역습逆襲을 해 오고 있다

처음부터 인간人間은 만물萬物을 지배하고 다스리는 영장靈長
이다.

호랑이나 사자 같은 맹수猛獸도 인간 앞에는 겁을 먹고 떨면
서 순종하는 그들의 지배자요 통치자라는 것을 알고 있다.

그런데 요즘 자주 들리는 소리가, 멧돼지 떼들이 기습을 해
왔다는 뉴스다.

돼지가 새끼들을 이끌고 민가^{民家}로 내려와서 함부로 집안의 기물을 파손하고, 온 집안을 쑥대밭으로 만들어 버린단다. 심할 때는 사람들을 닥치는 대로 물어뜯는단다. 그리고 또 어떤 때는 고속도로의 길을 막고 교통을 방해 하고, 밤이면 논으로 밭으로 뛰어들어서 농작물을 좋게 먹고 가는 것이 아니라, 배불리 먹은 다음에는 온 들판을 뒤집어 버린단다.

이는 돼지의 탓이 아니라 자연의 역습^{逆襲}이라고 해야 할 것이다.

자연을 가꾸고 돌보아야 할 인간들이 개발^{開發}이라는 이유로, 자연에게 되돌려 주는 것은 없고, 사람들의 허영^{虛榮}과 욕심^{慾心}만을 챙기고 있으니, 자연이 인간들에게 아무런 예고^{豫告}도 없이 바로 역습^{逆襲}을 해 오고 있다.

하늘도, 바다도, 땅도, 동물도, 식물도 한결같이 인간들에게 반항^{反抗}을 해 오고 있다. 인간들이 깨닫고 돌아설 때까지 싸우자고 선전포고^{宣戰布告}를 해 오고 있다.

아무리 고도화^{高度化}된 기계를 가지고 일기예보^{日氣豫報}를 하는데, 그것이 과연 얼마나 맞는가? 아무리 인간들이 대비를 잘한다고 할 찌라도 천재지변^{天災地變}을 막을 수 있었던가?

내가 아니면 다 아니라고 하는 인간들의 속셈을 자연은 알고 있다. 자연은 다 외면外面해 버리고, 나만 잘 되면 '다'라는 생각에 젖어있는 인간들을 향하여 자연은 싸움을 걸어오고 있다.

바람이 자유롭게 불면서 날아가야 하는데, 인간들이 세운 고층건물高層建物에 길이 막혀서 자기의 길을 찾아 갈 수가 없다. 비가 자연의 순리에 따라서 내려 올 수가 없다. 산골을 보금자리로 살아가는 산짐승들이 인간들의 장난에 마음 놓고 살아갈 수가 없다.

모기에 물려서 전염병傳染病이 들고, 철새가 날아오는 것이 반가운 것이 아니라, 또 어떤 전염병을 몰고 오지나 않을까 하여 반가움이 아닌 불안에 떨어야 하고, 하늘에서 쏟아지는 소낙비를 맞으면 공해병公害病에 걸릴까 하여 떨어야 하는 세상이 되어 버렸는데도 그런 것에 대해서는 관심도 갖지 않는다.

정부의 조직에 환경부環境部가 있지만 막상 대책이 없는 정부의 조직인가?

환경과의 친화親和가 없는 대책은 대책이 아니다. 인간과 자연이 함께 살아가는 공존共存의 질서가 세워져야 하고, 상부상조相扶相助의 대책이 없는 한 계속적으로 도전挑戰 해 오는 자연의 역습을 막을 수 있는 방법은 없다. 결국은 자연 앞에 다 무너지고 말 것이다.

자연을 살피고 돌보지 않는 한 인간들을 향한 자연의 도전과 역습은 날이 갈수록 더 심해 질 것이다.

인간들은 돈에서만 행복을 구하지 말고, 자연과 함께 하는 행복을 추구追求할 줄을 알아야 한다. 함께 누리는 공존의 영광이 아니면 참 행복에 이를 수 없다.

개인주의個人主義의 내가 아니라, 더불어 살아가는 공유共有의 민주시민民主市民으로서 의식意識이 분명해야 하고, 상부상조相扶相助의 질서秩序를 유지해 나가야 한다.

인간들이 자기들만 잘 살겠다고 자연을 돌보지 않고 짓밟고 있다. 자연에서 얻어먹고 살아가면서 자연을 죽이고 있다. 그래서 자연은 우리 인간들을 향해서 싸움을 걸어오고 있다. 인간들의 언어는 할 수 없어도 행동으로 반항을 해 오고 있다.

인간이 좋아서 누리는 자유自由는 방종放縱이 아니라, 공유共有의 질서秩序요, 의무義務요, 책임責任과 사명使命이다. 거기에서 자유自由가 나오고 행복幸福이 이루어진다. 그것은 사람들만 갖는 것이 아니라, 자연과도 함께 공유해야 하는 자유요 권리다.

그래서 자연은 인간들에게 완전히 다 빼앗기기 전에 자기들의 권리를 찾기 위해서 역습을 해 오고 있다. 인간들에게 깨우침을 주기 위해서 반항을 하고 있다. 인간들이 돌아서지 않는

한 자연도 결코 돌아설 수 없다고 역습을 해 오고 있다.

　스스로가 서지 못하면서 자연을 탓할 수 없다. 인간들의 방심放心으로 자연의 역습逆襲을 받고 있다. 사람들의 언어로 말을 하지 못할지라도 자연은 행동으로 인간에게 반항反抗을 하고 역습을 해 오고 있다. 하늘도, 땅도, 바다도, 물도, 바람도, 나무도, 짐승도, 모든 자연이 인간의 잘 못을 꾸짖고 역습을 해오고 있다.

　"인간들아, 더 늦기 전에 제발 정신 좀 차려라"

3

꽃이 향기香氣를 풍기면
벌 나비가 모여든다

억천만년의 세월이 흘러가도 자연의 질서는 그 궤도軌道에서 벗어난 일이 없다.

모든 질서를 파괴하고, 달리던 궤도에서 이탈 한 것은 인간 들이다.

차라리 배우지 못하고 본능本能대로 살았든 미개未開한 시대에 는 그런대로 지금보다는 더 정직正直하게 살았을 것이라는 것을 알 수 있다.

언어가 발달하고 과학문명科學文明의 시대에 들어서면서부터 인간은 더없이 욕심을 챙기게 되었고, 다른 사람에 대한 배려심配慮心이 없어져 갔다. 더 많이 배워서 더 많이

알면서부터는 남을 속이고, 자기의 욕심을 챙기는 일에 더 열중하기 시작했다.

배웠으면 배운 만큼 배우지 못한 사람들을 등쳐먹고, 알면 안만큼 속임수에 능해졌고, 가지면 가진 만큼 없는 사람들을 멸시하기 시작했다.

이렇게 인간의 지능知能이 고도화 되면서 겪어야 하는 인간의 시련은 참을 수 있는 한계限界를 이미 넘어선 것 같다. 동서고금을 막론하고, 자연은 자연 그대로의 질서를 지키면서 살아가는데, 어쩌다가 우리 인간들이 유독 이렇게까지 변질變質해 버렸는지 참으로 안타까운 마음뿐이다.

그래서 꽃은 예나 지금이나 자기가 갖는 향기香氣를 그대로 날려 보내고, 그 향기를 따라서 벌 나비들이 모여든다. 그러한 자연의 질서가 참으로 아름답고 보기에 좋다. 꽃은 꽃대로 자기의 질서를 그대로 지키면서 향기香氣를 날려 보내면, 비록 눈에는 보이지 않더라도 후각嗅覺을 통해서 감지感知되는 향기를

따라서 멀리서 벌과 나비들이 꽃으로 날아든다.

그런데 요즘에 들리는 소리가, 뭐 남자들이 여자들을 희롱戲弄을 하고, 성폭행性暴行을 하고, 아주 극심한 경우에는 살인殺人까지 한다는 소리이니 참으로 안타깝다.

까닭 없이 피해를 입은 분들에게는 진심어린 동정과 위로의 말을 보낸다.

그러면서도 왜 남자들이 그렇게도 무질서하고 난폭해 졌을까? 너무도 부끄러운 범죄 행위가 수스럼 없이 자행되고 있다. 그러면서도 아주 조심스럽게 새로움을 바라는 마음에서 말을 하고 싶다. 우리 여자들의 사치奢侈가 한계를 넘어서지는 않았는가를 한 번 살펴본다. 몸의 노출이 심하지 않는 가를 묻고 싶다. 자기 스스로를 돌보지 않고 지키지 않으면 보호를 받아야할 이유가 없어지게 된다는 것을 모르지는 않을 것이다.

이는 여자들에 대한 불평불만이나 지탄의 소리가 아니라, 보다 더 명랑한 세상을 만들기 위한 소견으로 말한다.

남자들에게만 책임을 돌리지 말고, 여자들의 행동도 한 번쯤은 살펴보고 넘어가자는 것이 옳을 것이다. 사치의 정도, 신체노출露出의 실상, 그리고 요염의 작태들이 '색시'하다는 말로 호도糊塗하지 말고, 과연 우리 사회 질서를 위해서 명랑하게만 보여지게 하고 있는가를 살펴보자는 것이다.

누구를 탓하자는 것도 아니다. 다만 이래서는 안 되겠다고 생각나는 것들이 너무 많아서, 우선 우리 여성의 몫으로서 해야 할 것들이 무엇인가를 골똘히 생각하면서, '꽃이 향기를 풍기지 않으면 벌과 나비들이 몰려오지 않는다'라고 하는 말로 자기성찰自己省察의 목소리를 내고 싶다는 뜻일 뿐이다.

우리나라에는 여성부女性部라는 행정 부처가 있다.

부디 여성부라고 하는 부처를 둔다면 남성부男性部도 있어야 하지 않을까를 생각 해 본다. 기왕이면 남녀의 구별이나 차별이 없는 꼭 같은 평등한 사회가 그립다.

남자만도 말고, 또 여자만도 말고, 남자나 여자가 다 함께 평화롭고 행복하게 살아가기 위해서는 남성男性이다 여성女性이다가 아니라, 다 함께 더불어 살아가야 한다. 그리고 평등平等하게 살아가는 사회를 생각 해 본다.

처음부터 남자는 책임을 가지고 태어났고, 여자는 남자들의 사람과 보호를 필요로 하는 존재로 시작 되었다고 믿는다.

남자는 남자다워야 하고, 여자는 여자다우면 될 것이 아닌가? 남장여자男裝女子도 말고, 여장남자女裝男子도 말고, 남자는 남자로서의 본분과 책임을 다 하고, 여자는 여자로서의 본분을

다 하면 될 것이 아니겠는가?

그렇게 하는 것이 사람됨의 질서秩序라고 믿는다.

남자가 여자를 지배支配하는 세상이 되어서도 안 되고, 그렇다고 해서 여자가 남자를 지배하는 세상이 되어서도 안 되지 않을까? 서로가 사랑으로 얽혀서 함께 행복을 누리는 세상이 되어야 하지 않을까?

남자들의 사랑과 보호의 살핌 아래서 결혼을 하여 가정을 이루고, 아이를 낳아서 기르고 가르치면서, 오순도순 함께 더불어 살아가는 세상이 되어지기를 간절히 바란다.

꽃이 향기香氣를 풍기지 않으면 벌 나비가 모여들지 않는다는 자연의 교훈을 되새겨 볼 때가 온 것 같다.

4

배웠다고 하는 사람들의
자각自覺을 바란다

벼 이삭이 익으면 익을수록 머리를 숙인다.

하늘에서 비로 떨어진 물방울은 끝없이 땅 속으로 숨어들고, 나무 잎을 타고 흐르는 방울 물은 아래로 흐르고 흘러서 샛강을 이루고, 그 샛강들이 합해서 큰 강을 이루고, 그 다음에는 결국 바다로 흘러 내려간다. 그리고 바다에 이르러서는 지구상의 물들이 한자리에 모인 것이 반갑고 좋아서 철썩철썩 춤을 추며 즐겨 뛰논다. 낮아지기만 했던 물들이 모여서 춤을 춘다. 사람들은 그것을 파도波濤라고 한다.

파도는 큰놈도 없고, 작은 놈도 없고, 높고 낮은 놈도 없이 다 같다는 춤을 춘다. 철썩철썩 춤을 춘다. 아주아주 높아지는가 하면, 어느새 자취를 감추고 속으로 가라앉고, 가라앉는가 하면 또 높이높이 솟아오른다. 사람들은 그것을 보면서 수평선水平線이라고 한다. 수평선水平線은 평형平衡이 아닌 굴곡屈曲이다. 크고 작음이 모여서 하나가 되고, 높고 낮음이 조화調和를 통해서 꼭 같은 수평을 만들어낸다. 지구의 이 끝에서 저 끝까지 수평을 이루어 낸다.

언제 어디에서 왔든지 바다에 모여든 물은 하나요, 같음이라는 뜻에서 노래를 부르면서 춤을 춘다. 함께 즐기고 반가움의 노래를 부르면서 철썩철썩 노래를 부른다. 다 하나요 같음의 노래를 부르고 춤을 춘다.

동서남북 천하에서 모여들었고, 하늘에서 떨어지고, 땅 속에서 솟아났는데도 다 같음의 노래를 부르면서 춤을 춘다.

밤에도 낮에도 쉬임 없이 춤을 춘다. 파도가 뛰놀면서 춤을 춘다.

그렇게 뛰놀다가도 지구촌의 어디에선가, 아주 가난하고 못

난 사람이 목이 말라서 죽어간다는 비명悲鳴의 소리를 들으면 더 작고 작게 몸을 뽑아서 수증기水蒸氣가 되어 하늘로 올라가고, 이리 밀리고 저리 밀리면서 떠도는 구름이 되었다가 목이 마른 땅위에 비 방울로 쏟아준다. 고루고루 쏟아준다. 사람도, 짐승도, 풀잎도, 심지어는 바다 깊음 속의 고기들에게까지 다 같이 고루고루 나누어서 마시라고 비를 뿌려 준다. 참으로 공평하게 고루고루 나누어 준다.

사람들은 이것을 자연自然이라고 한다.

자연은 예나 오늘이나 영원토록 변함이 없이 창조의 질서를 지키고 법을 지켜나간다.

그런데, 만물의 영장靈長이라고 뽐내는 사람들은 존재存在의 가치價値를 파괴해 버렸고, 자연의 질서秩序를 흐트러 버렸다. 잔인할 정도로 망가 버렸다.

배웠다고 하는 사람들이 자연의 질서를 흐트러 버렸고, 자연의 법을 파괴 해 버렸다. 돌이킬 수 없도록 무너뜨려 버렸다. 배움의 보람이나 가치는 찾을 수 없도록 아주 망쳐버

렸다. 배워서 안다고 하는 사람들이 무식無識을 탓하지만, 오히려 그 무식이 법을 지키고 질서를 따라서 살아간다.

더 많이 배웠다고 하는 사람들을 가리켜서 유식有識하다고 하

고, 학자學者들이라고 하고, 지도자指導者라고 한다. 그런데 사람의 지식이 발달하면 할수록 자연과는 멀어져 버렸고, 생태의 질서가 파괴되어 버렸고, 세상이 꺼져가고 있지 않는가?

뜻을 가진 사람이라면 한번쯤은 생각해 보아야 한다. 과연 세상이 이대로 간다면 어떻게 될 것인가를 생각 해 보아야 한다. 너무도 끔찍한 결과 외에는 답이 없는 것 같다.

배웠다고 하는 사람들 때문에, 안다고 하는 사람들 때문에, 지도자라고 하는 사람들 때문에 세상이 꺼져가고 있다. 돈만 있으면 된다고 하는 가졌다고 뽐내는 사람들 때문에 세상이 무너져가고 있다.

세상이 무너지면 배웠다고 하는 그 것도 아무 쓸모가 없다.

가졌다고 하는 것은 언젠가 다 없어져 버린다. 그러므로 우리 모두 함께 살아가는 법을 다시 배워야 한다. 서로 도우면서 살아가는 법을 배워야 한다.

자연과 함께 살고, 나와 너와 그가 모두 함께 살아가는 법을 배워야 한다. 더 배웠으면 배운 만큼 머리를 숙이고 파고들어서 못 배운 사람들을 도와서 함께 살아야 하고, 약자들에게 힘을 실어주면서 같이 살아가야 한다. 대양大洋의 파도波濤처럼 함께 춤을 추고 뛰놀면서 살아가야 한다.

돈은 삶의 목적目的이 아니라 방편方便일 뿐이다.

그런데 경제經濟라는 논리論理를 앞세워서 사람들의 가치價値를 송두리째 뽑아버렸다. 그 다음에 올 것이 무엇인가를 생각해 보라.

돈이란 영어로 모니Money라고 한다. 고대 헬라의 신화神話에 의하면, 모니는 재물財物을 주관하는 맘몬Mammon 신神의 아들이라고 하든가? 그런데 돈을 만지는 사람들에게는 "조심 없이 함부로 다루기를 삼가라"라고 하는 단서가 붙어 있다.

그런데 현대인들은 그런 경고警告 같은 것은 아주 외면해 버린지 오래다.

이것도 배웠다고 하는 사람들이 잘 못 가르쳤기 때문이다.

이렇게 배웠다고 하는 사람들을 더 이상 믿어서는 안 되겠다는 경지에까지 이르렀다면 이 다음의 세상이 어떻게 될 것인가를 염려하지 않을 수 없다.

스웨덴Sweden의 발명가發明家 노벨Nobel, Alfred Benhard:1833-1896이 1866년에 다이나마이트Dynamite를 발명하여 세계적인 거부巨富가 되었는데도, 자기가 발명한

그것이 폭탄爆彈, Bomb으로 둔갑하여 전쟁무기戰爭武器로 발전하여 수많은 사람들을 죽이는 살생무기가殺生武器가 된 것을 한탄

하여, 1896년에 자기의 전 재산을 인류의 평화를 위해서 공헌한 자들에게 나누어 주라는 유언遺言을 남겨놓고 스스로 목숨을 끊어 버렸지 않는가?

배웠다고 하는 사람들이 자기가 배워서 알았다고 하는 것들이 다른 사람들에게 어떠한 영향을 주게 되는가를 살피면서 살아야 한다.

칼 맑스Karl Marx, Heinrich: 1818-1883와, 엥겔스Engels, Fredrich: 1829-1895가 1848년에 공산당共産黨, The Communist Party 선언을 했다. 그러나 그것이 우선은 가난하고 없는 사람들을 위해서 옳은 것 같이 생각했으나, 결국은 물질만능物質萬能이라는 가치관價値觀의 잘 못으로 인하여 종교적인 반대만이 아니라, 통치철학統治哲學의 반목을 사게 되어, 새롭게 등장한 것이 자본주의資本主義, Capitalism로 나타난 것이 아닌가?

그러므로 공산주의는 유물론唯物論, Materialism으로 나타나서 사람들의 가치관價値觀을 무너뜨리는 우愚를 범했다. 그러나 자본주의는 유신론有神論, Theism으로 이해되어 그 안에서 참 가치관價値觀을 가지게 하므로, 사람들이 이를 주장하게 된 것이 아닌가?

그런데 더 배웠다고 하는 사람들이 '돈'이라는 것을 앞세운 경제논리만을 강조하여 세상을 요지경으로 만들어 버렸다면 이를 어떻게 해야 하겠는가?

배웠다고 하는 사람들, 가졌다고 하는 사람들, 지도자라고 하는 사람들의 맹성猛省을 촉구한다.

세상의 땅들은 아파트Apartment를 짓기 위한 대지垈地로 전환轉換시켜서 재벌들이 건축의 부지敷地로 삼게 되었고, 못 배운 서민庶民들은 어쩌다가 까치집 같은 아파트 한간을 사면 그것으로 온 세상이 다 제 것으로 바뀐 것처럼 뽐내고 즐기지만, 사실은 자기 몫으로 정제 된 땅 한평 없이 허공에 떠도는 신세가 되었고, 모두가 까치집으로 즐기는 꼴이 되어 버렸다.

더 이상 얼마나 진리를 모르고, 배운 사람들에게 속고만 살아야 할 것인가?

단순히 나와 너와 그만이 아니라, 자연과도 더불어서 모두 함께 살기 위해서 배워서 안다고 하는 사람들의 새로운 각성覺醒 있기를 간절히 열망한다.

다 함께 행복을 누리고 살아가기 위해서 다시 한 번 배운 사람들의 반성反省있기를 바라고 기대한다.

세상을 바꾸는 일은 묵묵히 따라오는 서민들이 아니라, 배웠다고 하는 사람들이다.

세상이 이래서는 안 된다는 것은 못 배운 사람들의 탓이 아니라, 배웠다고 하는 사람들의 탓이요, 책임이다. 그래서 배운 사람들의 각성覺醒이 없는 한 세상은 날로 더 살기가 어려워 질 것이라는 말과 함께, 지성인知性人의 반성反省과 뉘우침이 있기를 바라는 마음에서 쓴 소리로 보낸다.

5

정치가 뭐기에?

대관절 정치政治라는 것이 뭐기에 모든 사람들이 정치에 눌려서 꼼짝을 못하고 살아야 하는가를 생각 해 본다.

보통 사람들의 생각대로는, 정치란 한 나라의 백성들을 다스리는 통치統治의 행위 전체를 두고 하는 말이라고 할 것이다. 두산 동아에서 출판한 '새 국어사전'에서는 정치를, "국가 권력을 획득하고 유지하며, 행사하기 위해서 벌이는 여러 가지의 활동"이라고 정의하고 있다.

고대 헬라의 철학자哲學者 플라톤Platon: BC 429?-347은 그의 '공화정치共和政治'에서 말하기를, "정치政治란 필요악必要惡의 순환循環이다"라고 했다. 그리고 정치를 하는 목적은 권력權力을 잡아야 하고, 그 권력을 잡기 위해서는 온갖 수단과 방법을 가리지 않고, 정복征服해야 하며, 결국 권력을 잡아야 비로소 정치가政治家가 될 수 있다고 했다.

이런 의미에서 생각할 때에 정치를 위해서는 온갖 모사謀事를 부를 줄 알아야 하고, 속임 수에 능해야 하고, 뱃심도 좋아야 하고, 비위도 남달라야 하는 것 같다. 이렇게 보면 정치에는 양심良心이나, 정의正義 같은 것은 전혀 앉을 자리가 없는 것 같다.

현대인들의 정치 형태는 선거選擧를 통해서 나오며, 선거는 다수가결多數可決을 원칙으로 하고 있다.

선거란 유권자有權者들의 투표投票에서 단 한 표라도 더 얻어야 당선當選이 되어 정치에 참여함을 받기 때문에 그 한 표를 더 얻어내기 위해서 밤낮을 가리지 않고, 온갖 수단과 방법을 다해서 선거운동을 한다.

그 때문에 선거는 온갖 부정과 비리가 판을 치는데도 눈가림으로 속이기만 하면 된다.

드러나지 않으면 그것이 곧 정의正義라는 말이다. 속임수가 거짓이나 죄가 아닌 정의라면, 정치에는 정의 자체가 없다는 말인가?

프랑스의 계몽사상가啓蒙思想家 루소Roussau, Jean Jaques: 1712-1778의 사회계약론社會契約論에 의하면, 선거란 백성들과의 계약契約의 행위로서, '백성들의 심부름을 하기 위한 계약의 행위'라고 했다. 이런 점으로 미루어 볼 때에 정치인이란 백성들과의 계약을 통해서 선택된 '심부름꾼'이라고 할 것이다. 사실이 그렇다. 백성들의 심부름 꾼이 되면 백성들이 내는 세금稅金으로 삶의 방법을 삼는다. 그것도 작은 자기 몫의 돈만이 아니라, 거의 무한정한 국민의 혈세血稅를 가로챌 수 있는 기회가 있다. 그래서 정치를 좋아하는 것일찌도 모른다.

일단 선거가 끝나서 당선이 확정된 그 순간부터서 승자勝者는 교만해져서 백성들 위에 군림君臨하여 두 어깨에 힘을 주고 뽐내는 자가 되어 버린다. 말과 행동이 다르고, 온갖 수단과 방법을 다해서 자기가 누릴 권력權力의 영역領域을 넓혀가면서 이권利權을 챙기기에 혈안血眼이 되어 버린다.

그도 그럴 것이 국회의원國會議員에 당선되면 우선 200여 가지의 합법적合法的인 특혜特惠를 누릴 수 있다. 그 기회를 좀 더 잘 챙기기만 하면 더 많은 것들을 노릴 수 있는 기회가 주어진다. 그렇게 해서 정치라는 것이 국민들의 불신^{不信}을 받게 되었는데도, 누구의 눈에든지 밝혀지지만 않으면 된다는 식의 잘못된 인식이 지배하는 현대 정치의 특성^{特性}때문에, 날이 갈수록 정치는 더 부패^{腐敗}해져 가고 있다.

정치인^{政治人}들에게 있어서 양심^{良心}이나 정의^{正義} 같은 것은 찾아보기가 어려울 정도로 자기 스스로를 속이는 사람으로 비쳐 보이기 일수 이다.

물론 이는 정치인들을 비하^{卑下}한다거나 지탄^{指彈}하기 위한 말이 아니라 통속적인 정치의 속성^{屬性}을 그렇게 본다는 말이다.

정치를 하기 위해서는 권력을 잡아야 하고, 그 권력은 선거를 통해서 다수결^{多數決}이라는 원칙을 두고 백성들에게서 나와야 하고, 일단 권력을 잡은 다음에는 자기만의 통치철학^{統治哲學}에서 나오는 백성들을 위한 정책^{政策}이 나와야 한다.

백성들을 위한 통치철학의 정책은 헌법^{憲法}을 중심으로 나와야 한다.

우리나라에는 헌법재판소^{憲法裁判所}라는 기구가 있어서, 헌법의 해석권^{解釋權}과 판결권^{判決權}을 갖는다.

모든 제도^{制度}는 그럴 사 하게 잘 짜여져 있다. 백성들의 지적 수준^{知的水準}이 낮았을 때에는 정치인들을 잘 믿고 따랐다. 그런

데 지금은 아니다. 알고도 속고 살아야 한다. 그렇다 보니 백성
들이 불쌍하다는 말 밖에 다른 말이 있을 수 없는 것 같다.

벌어먹고 살아가기 위해서는 정치를 가지고 시비를 해야 할 시
간時間이 없다. 어쩌다가 재수가 없어서 들어난 것은 법으로 단죄
를 하고 있기는 하지만, 백성들은 정치인政治人들을 크게 신용하
지 않고 있다는 말을 조심스럽게 정치인들에게 보내고 싶다.

그리고 우리나라의 최고 통치권자는 부정이나 비리가 드러
난 사람들을 재발 재기용再起用하는 일이 없기를 간절히 바란다.

'내 사람'이기 때문에 국민을 배신하는 자를 다시 채용하는
관행이 없어져야 한다는 말이다. 우리나라 인구가 5,800만이
나 된다. 부정과 비리에 관련되지 않은 깨끗한 양심의 사람이
얼마든지 있다. 그런데도 줄을 잘 못 섰기 때문에 정치하는 사
람에게 인정을 받지 못하고 있다.

이렇게 해서야 언제 깨끗한 정치가 이루어 질 것인가? 나라
를 위해서 권력의 자리에 앉으신 분들은 국민을 권력의 주인主
人으로 알아주기 바란다. 자기의 통치는 있고, 국민들은 자기가
부르는 심부름꾼이나 도구로 알면 안 된다. 권력의 자리에 앉
아서 국민의 권익權益을 짓밟고, 자기의 욕망을 챙기는 일 외에
무엇이 있다는 말인가?

우리나라는 민주공화국民主共和國이다. 모든 권력權力이 국민國民에게 있고, 그 권력이 국민으로부터 나온다고 우리 헌법憲法이 규정하고 있다.

그리하여 법法이 다스리는 법치주의法治主義로서 민주주의는 법法을 민주주의의 꽃으로 하고, 법이 지켜지고, 법대로 다스리는 통치가 이루어져야 한다. 그런데도 우리나라는 그렇게 되지를 않는 것 같아서 아쉽다.

가장 높은 자리에 앉으신 분이 헌법을 지키지 않으면서 백성들에게만 법을 지키라고 한다면 개가 웃을 일이다. 법은 만인에게 평등平等하다. 법의 가치는 준법정신遵法精神에 있다. 이는 통치자나 백성들에게 다 같이 주어진 의무義務다.

죄형법정주의罪刑法定主義라는 말도 이를 근거로 한다.

법을 지키는 지도자, 법을 잘 지키는 백성의 나라가 참으로 민주주의를 하는 나라다.

우리 국민들의 최대 약점은 민주시민民主市民으로서의 의식意識이 없다. 자유自由와, 정의正義와, 평등平等이라는 민주주의의 실상實狀이 전혀 없다.

정부는 정부대로 권력을 행사만 했지, 헌법대로 백성들을 가르치지 않는다. 오직 '돈'이라는 말로 백성들을 속여 버린다. 우선 먹고 살아야 하고, 더 많은 돈을 모아야 자녀들의 교육을 시킬 수가 있고, 자기의 행복을 누리기 위해서 민주시민의 의식 같은 것은 생각할 여유가 없다.

우리 대통령님을 비롯하여 관료들과, 정치를 하신다는 국회의원國會議員님들과, 정당政黨을 하시는 모든 분들에게 이렇게 호소를 한다. 나라를 아끼고 사랑하는 애국의 충정으로 이렇게 말씀을 드린다.

"제발 우리 대통령님을 비롯하여 모든 위정자들이 스스로 법法을 지키는 준법정신遵法精神을 살려서 우리의 헌법을 비롯하여 모든 법을 솔선해서 지켜주십시오",

"제발 선거 때에 백성들에게 울부짖었던 자기의 양심良心을 따라서 맹서로 하셨던 공약公約들을 지켜서 백성들을 위한 정치를 해 주십시오",

"제발 돈이라는 경제논리에 앞서서 우리 국민들을 민주시민의 의식意識을 가지도록 가치관價値觀을 바로 길들여주십시오",

"제발 정치를 하기 위해서 국민들에게 약속했던 대로 국민의 심부름꾼으로서 정치를 하는 사람이 되어주십시오",

"제발 국민들의 혈세血稅를 부정이나 비리로 빨아먹는 사람이 되지 말고, 역사歷史 속에 길이 남을 훌륭한 정치인으로 남아주

십시오".

"제발 우리나라가 지금 경제대국經濟大國으로는 가고 있으나, 헌법에서 말하고 있는 민주공화국民主共和國으로는 아직 문턱에 발을 들여놓는 일조차 못하고 있다는 것을 알고, 세계의 자랑, 우리나라 대한민국大韓民國을 민주공화국民主共和國으로 발전시켜 주십시오".

목에서 피가 세어 나오는 심정으로 호소呼訴 합니다.

6

아리랑 고개로 넘어 간다

'아리랑'이라는 우리 민요^{民謠}는 우리 대한민족의 영원한 노래다.

아리랑 민요는 작사자^{作詞者}나 작곡자^{作曲者}를 모르는 우리 민족의 전통 노래다. 시작도 끝도 없는 우리 대한 국민의 노래다. 한^恨이 서린 노래인가 하면, 순식간에 흥분으로 바꾸어지는 우리 국민의 감정을 담은 노래이다.

'아리랑'이라는 말의 뜻도 바로 알 수가 없다. 그런데도 그 말 속에 우리 인간의 칠정七情을 그대로 담고 있는 뜻의 말이다. 비단 우리만이 아니라, 세계 여러 종족들이 가장 쉽게 우리에게로 가까이 다가오게 하는 우리 한국인의 뜻을 전달해 주는 다정다감多情多感한 '노래 말'이다.

2016년, 불란서佛蘭西, France에 있는 국제연합교육과학문화기구國際聯合敎育科學文化機構, United Nations Educational Scientific, and Cultural Organization=유네스코에서 만장일치로 세계의 문화유산으로 지정하여 기념하기로 한 우리의 자랑 민요다.

지역에 따라서 약간씩 가사歌詞가 다르고 곡曲이 다른데도, 한 번 듣기만 하면 함께 노래 가락이 튕겨난다. 글을 몰라도 상관없이 터져 나오고, 남녀노소를 가리지 않고 친숙하게 튕겨 나오는 우리 민요요, 우리 대한 국민을 하나로 묶어 주는 우리의 자랑스러운 민요다. 남녀노소 없이 즐겨 부르는 우리의 민요 아리랑은 모두 60여 가지로 구분하나, 사실은 그 종류가 몇 천 가지인지 조차 알 수가 없는 끝없는 가락의 우리 민요다.

우리는 과거의 역사歷史를 통해서 인간문명의 과정을 알 수 있다.

무엇을 어떻게 했던가를 보는 것만이 아니라, 그렇게 하므로 새 역사의 변화變化가 어떻게 일어났던가를 알 수 있다.

독일의 사상가요 철학자였든 헤겔Hegel, George Wilhelm Fredrich: 1770-1831은 그의 역사철학歷史哲學에서 정반합正反合의 이론을 주장했는데, 이는 곧 역사의 회전回轉을 뜻하는 말이라고 생각한다. 한 시대의 역사란 그대로 머무는 것이 아니라 반복적으로 돌아가면서, 정正과, 반反과, 합合의 변수變數를 일으키면서 회전回轉해 가고 있는 것으로 설명을 하고 있다.

그러므로 헤겔의 이론대로 말하면, 지금 우리가 몸을 담고 살아가는 역사의 현실은 한 시대의 과도기적過渡期的인 과정過程일 뿐, 결코 그대로의 고정현상固定現狀은 아니라는 것을 알게 한다.

더구나 우리 여성들의 경우는 더욱 더 그렇다. 지금까지 남성 중심의 역사였다고 하면, 우리 여성들의 경우도 남자보다 더 앞세워 달라는 말이 아니라, 공평하고 동등하게 기록되어야 한다는 말이다.

여기 "아리랑 고개로 넘어 간다"라고 하는 우리 민요는 억울하게 시댁媤宅에서 쫓겨나서 봇짐을 싸들고 울면서 아리랑 고개를 넘어가는 아리랑 낭자는, 자기의 억울함과는 상관없이, 자기의 시댁媤宅을 생각하고, 자기 낭군의 안부를 염려하는 마음으로 가득 차 있다는 아리랑 타령을 부르면서 아라리를 떠나

한 많은 고개를 넘어가고 있다.

우리 민요 아리랑이 지니고 있는 노래 사연의 뜻은 분명히 우리 여성들을 중심으로 한 억울함에 대한 하소연이요, 신세타령이면서, 또한 그 마음의 진심을 드러내는 고백적인 진심을 담고 있는 마음의 노래라고 생각한다.

자기의 불행을 어느 누구에게 탓하려 하지 않고, 그러면서도 시댁과 낭군의 안부를 염려하여 부르는 이 노래 가락 속에는 막연하면서도 기대와 희망을 담고 있는 뜻으로 이해 된다. 즉 현실의 억울함과 불행이 결코 그대로 끝날 것이 아니라, 사랑하는 임의 행복을 빌어주면서 더 잘 되어지기를 기대하는 간절한 마음은 또 다른 꿈을 담고 있다.

현실과는 상관없이 과거에도 그랬고, 미래에도 무한정한 꿈이 있고 행복이 도사리고 있다는 것을 아리랑 민요로 표현하고 있다. 그래서 아리랑 민요가 우리 인간의 마음을 모두 담고 있는 깊은 철학의 노래라는 말이다.

한 시대의 역사는 그렇게 엮어가고 있다.

그러나 또 다른 역사의 시대가 열릴 것을 기대하면서 살아야 한다고, 거짓이 없는 역사는 웅변해 주고 있다.

지금 우리나라를 비롯한 전 세계의 사람들은 과학문명의 혜택 아래 경제적인 부富를 누리면서 어느 역사시대보다도 더 행복하게 살아가고 있는 것 같이 보인다.

그러나 역사는 여기에서 그대로 끝나는 것이 아니라, 또 다른 시대로 바꾸어 질 것이라는 것을 과거의 역사가 보여주고 있고, 사람들의 가슴 속에 또 다른 세상을 기대하고 있다. 바로 이것이 과도기적過渡期的인 역사적 과정이라는 것을 말하고 있다.

우리 인간에게는 이성理性이 있고, 인격人格이 있고, 양심이 있다. 또한 윤리倫理가 있고, 도덕道德이 있다. 그 다음에는 공동체共同體의 기준으로 최소치最小値의 기준이라고 할 수 있는 법法이라는 것이 있다.

그런데도 우리 인간들이 얽혀서 살아가는 공동체의 사회에서는 너무도 끔찍한 범죄가 판을 치고 있다.

"이래서는 안 될 것이다"라고 하는 탄식 속에 역사는 계속해서 기록되어지고 있다.

무엇인가는 몰라도 달라져야 한다는 간절한 기대를 가지고 역사는 돌아가고 있다.

그래서 우리는 아리랑 민요를 더욱 더 사랑하고 열심히 부르게 한다. 산골짝 깊은 곳에서나, 지구촌 어느 구석진 곳까지 울려 퍼지라고 열심히 부르고 있다.

아리랑, 아리랑, 아라리요, 아리랑 고개를 넘어간다.

나를 버리고 가시는 임은 십리도 못가서 발병 난다.

아리랑, 아리랑, 아라리요.

아리랑 고개를 넘어간다.

제 **6** 장

아프리카 대륙에
태극기를 꽂았다

에티오피아, 우간다, 케냐, 그리고 불란서 등 4개국의 순
방국빈외교巡訪國賓外交에 나선 박근혜朴槿惠 우리 대통령께서,
2016년 5월 28일부터 30일 사이에, 우간다에서 국빈외교활동
을 했다.

우리가 말하는 우간다라는 나라는 인구 3,600만명 정도에,
아프리카 대륙 안에서는 그렇게 큰 나라는 아니나, 정치 싸움의

쿠데타가 거의 끝이지 않았던 나라로 유명하다. 그러한 우간다가 우리나라와는 1963년 이래 수교국修交國으로 되어있으나 사실상 북한과의 관계가 더 두텁게 되어있는 나라로 이해된다.

이러한 우간다에 우리나라의 박 근혜 대통령이 국빈방문을 하게 된 것은, 우간다의 현 대통령인 요웨리 무세베니Yoweri Museveni: 1944- 현재대통령과의 세 번째의 만남이라고 할 것이다.

우간다가 특별히 국제적인 관심을 갖는 나라도 아니고, 일반적으로 볼 때에 그렇게 중요한 나라도 아니다. 다만 우간다도 한 나라라고 하는 그러한 정도일 뿐이다.

그런데도 이 나라와 국빈외교를 벌인 우리 박 근혜 대통령께서는 그의 통치 5년 기간을 통해서 가장 보람 있고 뜻이 깊은 역사적인 외교활동을 했다고 자랑하고 싶다.

알고 보면 우간다라고 하는 나라도 우리에게는 분명히 그럴만한 이유가 있다. 과거와, 현재와, 미래로 향해가는 세계의 역사는 분명히 그럴만한 가치가 있는 나라로서, 우리에게는 더없이 중요한 나라요, 우리나라 박근혜 대통령께서 이렇게 역사적으로 중요하고 큰 일을 해 냈다는 말이다.

우리가 알고 있는 아프리카 대륙은 뜨거운 태양빛에 다 타버린 적도赤道의 중심으로 이 지구상에서 가장 뜨겁고 무더운 대륙이요, 가난하고 헐벗은 미개未開한 사람들이 모여서 원시적原始的인 생활을 하고 있는 땅으로 이해하고 있다.

옷도 입지 않고, 신발도 신지 않고, 심지어는 자기들이 기거하는 주택까지도 임시 움막정도로 지어놓고 자연과 함께 살아가면서, 현대과학문명現代科學文明과는 철저히 담을 쌓고 살아가는 대륙으로 이해하고 있다.

이러한 검은 대륙 안에 또 우간다라고 하는 나라는 우선 아프리카 대륙속의 중앙복판에 캐냐와 나란히 자리한 아주 작은 나라의 하나로만 이해하고 있을 뿐이다.

아프리카 대륙에는 40여개에 이르는 U N 가맹국의 나라들이 있다.

그러한 나라들 가운데서도 몇 개의 나라들만을 제외하고는, 아직도 문명의 혜택에서 소외된 미개한 나라들이 많이 있다.

그들 가운데서도 자기 부족部族들끼리 모여서 짐승들처럼 원시적原始的인 생활을 하는 것으로 알려져 있는 흑인 종족들이 모여서 살아가는 낙후한 대륙의 땅으로서 아직도 식인종食人種, Eat-men들이 있는지에 대해서는 아직도 확실한 결론을 내릴 수 없는 미지未知의 대륙이라고 해야 할 것이다.

밀림지대密林地帶와, 사막지대沙漠地帶와, 습지대濕地帶 등이 많이 있는데도, 이들을 개발하는 것 보다는, 오히려 산짐승들과 그대로 함께 얽혀 살면서, 물도 짐승들과 같이 마시고, 위생衛生 같은 것은 거의 생각지도 않고 살아가기 때문에, 어쩌면 뒤떨어진 원시인原始人의 풍속대로 살아가는 소외지역의 사람들이 모여서 살아가는 땅이다. 그런데도 그들 역시 우리와 꼭 같은 사람이고, 인격人格을 가졌다기보다도 그 이전에 순수한 인간미人間味 그대로를 가지고 그들만의 풍속 속에 살아가는 사람들의 땅이 바로 아프리카라고 할 것이다.

아직도 숲으로 얽혀있는 정글의 밀림지대密林地帶에는 무한한 먹거리들이 싸여져 있다. 어쩌면 세계의 사람들이 먹고 살아가는 80% 이상의 농작물農作物들이 이 땅에서 나온 것들이라고 해도 될 것이다.

그런데도 그 땅에서 살아가는 사람들은 개발開發에 대한 뜻은 가질 수가 없다. 과학문명의 혜택도 받을 수가 없지만, 보다 더 경제적으로도 뒷 떨어진 상태라 현대문명 같은 것에는 아예 등을 돌리고, 아주 원시적原始的인 그대로를 좋아하고, 자기들만의 전통傳統과 풍속風俗 속에 살아가고 있다.

그 가운데서도 우리 박근혜 대통령 일행이 찾아간 우간다라는 나라는 아프리카 대륙의 중심부中心部에 자리하고 있으면서, 나라로서의 위상은 갖추어 있으나 아직도 후진에서 벗어나지 못하고 근근하게 나라라는 틀을 갖춘 후진국後進國들 중의 한 나라일 뿐이다.

이러한 우간다라고 하는 나라가 현대사에 깊이 뛰어들게 된 것은, 아민Idi Amin: 1928-2003이라고 하는 육군상사陸軍上士가 쿠데타를 일으켜서 일약 대통령大統領이 되었는가 하면, 더 유명했던 이야기는, 그의 통치시절에 이스라엘 나라의 민항기를 공중납치空中拉致하였다가 이스라엘 나라 특수부대의 구출작전으로 인해서 납치해 온 비행기는 물론, 무려 138명에 이르는 피랍인질극被拉人質劇의 전원을 그대로 이스라엘 군에게 빼앗겨 버린 일이 있었던 일로 인하여 국제사회에 등장하게 되었다고 해도 될 것이다.

그 때에 우간다의 수도首都 엔테베 국제공항에는 몇 대 안되는 자기 나라의 비행기들이 한자리에 몰려 있다가 이스라엘 군의 특공대에 의해서 전체가 파괴를 당해 버리는 소위 나라망신의 촌극을 가지고 있는 나라라는 점이다.

그리고는 현대사 속에 별로 들어난 것이 없으나, 우리에게 중요한 것은 이러한 그들이 철저히 북한과의 수교修交로, 서로가 많지 않은 석유와 군수물자의 무역 거래를 하면서, 북한의 게릴라작전 요원들을 불러들여서 훈련을 시키고 있는 곳이라는 점이다.

그러한 곳에 우리 대통령이 국빈외교 사절단使節團들과 함께 130여명에 이르는 경제인經濟人들을 대동하고 가서, 외교상으로는 우간다라고 하는 나라가 북한과의 외교관계 보다도, 우리나라와 손을 잡게 되었다는 점과, 군사적으로는 현재 훈련을 받기 위해서 체재중인 북한군을 돌려보내고 우리나라의 군사지원軍事支援을 받게 되었다는 점과, 경제적經濟的으로는 우리나라의 경제지원 아래 석유개발은 물론, 새마을 운동을 통

해서 문화운동까지를 받게 되었다는 점 등이라고 할 것이다.

이를 종합해서 볼 때에 검은 아프리카 대륙의 중심부에 우리나라 태극기太極旗를 우뚝 꽂았다는 것과, 우간다라고 하는 아프리카의 나라를 우리나라 대한민국大韓民國의 힘으로 재개발하여 우리와 가장 가까운 선린국善隣國으로 만들었다는 것은 다시 한 번 우리나라 박 근혜 대통령의 자랑스러운 국빈외교였다고 칭찬을 보내고 싶다.

200개 나라에 이르는 UN가맹국들 가운데서도 우리보다 큰 나라도 아니고, 더 잘사는 나라도 아니고, 물론 문화의 선진국도 아니지만, 그런데도 우간다라고 하는 나라에 우리 대통령이 강대국들의 순방 때보다도 더 단단한 준비를 갖추어서 찾아가셨다는 것은 너무도 훌륭하고 잘 한 일이라는 점이다.

물론 이에 앞서 방문했던 에티오피아는 우리나라 6,25 전쟁 때에 U N 참전국參戰國으로 무려 3000명에 이르는 군인을 보내 주었던 혈맹血盟의 나라라고도 할 것이다. 그리고 이 다음에 방문할 케냐라고 하는 나라는 우간다와 함께 적도赤道위에 자리하고 있어서 지구상에서 가장 뜨거운 나라로 알려져 있으나, 우리나라와는 이미 친밀한 외교 관계를 가지고 있는 나라로가 되어 있다.

그리고 불란서와는 130년간의 수교관계를 가지고 있고, 또 불란서는 세계世界의 대국大國들 가운데 하나로 알려져 있을 만큼 큰 나라이기 때문에 이러한 나라와의 친선방문親善訪問이나 외교관계外交關係는 더 말해야 할 필요가 없다.

그러나 우리나라의 대통령이 우간다라고 하는 나라를 국빈방문 했다는 것은, 이 나라를 우리의 아프리카 대륙의 전진기지前進基地의 나라로 만들게 되었다는 것으로서, 어느 나라와의 외교보다도 더 큰 성과라고 할만하다고 본다.

지금 당장 그 뜻이 갖는 중요성도 중요하지만, 당장 세계의 현대사 속에 큰 다른 나라의 원조援助를 받아오던 우리나라의 위상이 세계 속에 크게 발전하여, 이제는 피원조국被援助國에서 세계의 경제선진국들과 어깨를 나란히 할 수 있게 되었고, 이제는 경제대국經濟大國으로 다른 나라를 원조해 주는 나라로 성장했다는 점이라고 할 것이다.

그리하여 우리나라 대한민국은 아프리카 대륙까지 파고들어서 우리의 국력을 세계에 널리 과시誇示하게 되었다는 점이다.

특히 이번에 우리나라 박 근혜 대통령께서 부디 우간다라고 하는 작은 나라에까지 찾아가서 국빈외교를 벌린 것은 더 중요한 뜻을 가지고 있다. 왜냐하면 우간다라고 하는 나라는 자기 나라의 병력兵力이라고 해도 겨우 5,000여명에 불과한 국방력國防力을 가진 나라이다.

그러한 작은 나라가 지금까지 북한北韓과의 수교국修交國으로 있으면서 단순히 친선국親善國으로 국제연합에서 북한의 편을 들어준 나라라는 것 이상으로 중요한 역할을 하고 있었다.

그것은 북한이 그 나라에서 나는 많지 않은 석유를 사들였고, 북한에서는 그들에게 전쟁무기를 팔아왔다. 그러나 더 중요한 것은 북한의 인민군들이 우간다 나라 열대의 밀림지대에서 게릴라 작전을 벌리는 군사훈련軍事訓練의 실습장實習場으로의 역할을 해 온 곳이기도 했다.

그런데 우리 박 근혜 대통령의 일행이 아주 짧은 불과 3일 동안의 국빈외교를 통해서 우간다를 '우리 편'으로 끄려드렸다. 북한과의 외교관계를 끊고 완전히 우리나라의 편으로 만들어

냈다.

전체규모라고 해도 25억달라에 불과한 원유개발^{原油開發}에 필요한 자금을 우리 정부가 전체의 60%에 이르는 15억달라를 맡기로 하고, 우간다 나라에서는 40%에 이르는 10억 달라만 부담한다는 조건부로 원유개발^{原油開發}을 하기로 계약을 체결했다. 즉 그 나라의 과반이 넘는 경제력을 우리나라에서 제공하고, 또 이를 우리의 기술력으로 개발하기로 하여, 우간다라고 하는 나라의 주 경제 수단인 원유를 우리 힘으로 개발하기로 했다는 점이다.

그리고 그 외에도 우리의 경험을 살려서 우간다에 '새마을 학교'를 세워서 우리의 경험과 힘으로 우간다라는 나라를 개발하자는 것이었다.

즉 우리나라를 현대화 시켰든 것처럼, 또한 우간다라고 하는 나라를 우리가 개발하여 우리의 형제^{兄弟}나라로 만들어 내는데 합의를 했다.

우리와의 친선외교를 위해서 북한과의 수교관계를 접어두고, 지금 당장 자기나라에 와서 군사훈련을 받고 있는 500명의 북한군^{北韓軍}을 돌려보내기로 하고, 계속해서 우리 한국 정부의 주도 아래 우간다라고 하는 나라를 새롭게 일구어 내기로 합의를 했다.

이는 단순히 우리나라가 아프리카 대륙에도 진출하게 되었다는 정도가 아니라. 아프리카 검은 대륙 안에 우리의 전진기지前進基地를 확보하게 되었다는 점이다. 이는 단순한 외교상의 문제가 아니라, 너무도 크고 중요한 뜻을 가지고 있다. 이렇게 크고 중요한 일을 우리나라 박 근혜 대통령이 해냈다.

이러한 모든 행사가 이루어지는 동안 우리 대한민국大韓民國의 국기國旗인 태극기太極旗가 우간다 나라의 대통령궁大統領宮에 꽂아졌고, 아프리카 대륙의 중심부요, 지구촌의 한 복판에 꽂아졌다. 팔랑팔랑 춤을 추면서 꽂혀졌다. 검은 대륙 아프리카의 복판에서 우리 태극기가 팔랑팔랑 춤을 추게 되었다.

그래서 우리나라 박 근혜 대통령의 5년간 임기의 재임기간 중에 가장 위대한 금자탑金子塔을 세운 외교라고 자랑삼아 말하고 싶다.

참으로 힘들고 어려웠다.

글 쓰는 재주가 없어서 잘 못 쓰는 글이라는 것을 알면서도 쓰고 싶은
마음에서 써 보기는 했지만, 글자 한 자 한자가 참으로 힘들고 어려웠
다. 그저 쓰고 싶은 마음에서가 아니라, 말을 하고 싶어서 이를 글로 쓰
려고 하니 이것이 참으로 힘들고 어려웠다. 나 스스로의 무식(無識)에
다. 글재주가 없는 무능(無能)까지 겸하고 보니 부끄럽다는 말 밖에 다
른 변명의 말이 없다.

그러나 참 사랑으로 보면 말 못하는 어린애의 말 시늉이 더 예쁜 것처
럼 어여삐 보아 주시라는 말로 어리광을 피워본다. 독자들의 이해와 사
랑의 용납을 바란다. 그러면서도 이러한 글을 쓰고 싶었던 마음만은 이
해 해 주시라고 믿는다. 세상이 이래서는 안 되겠다는 간절한 충정, 바
로 그 마음을 알아주시라는 말씀을 드린다. 그리고 함께 연구하면서 풀
어 가자는 당부의 말씀을 드린다. 역사적으로 볼 때에 지금 우리는 분명
히 아리랑 고개를 울면서 넘어가는 것과 같은 과도기적인 시대에 처해
있다고 생각한다.

아리랑, 아리랑, 아라리요.

아리랑 고개로 넘어간다.

나를 버리고 가시는 임은

십리도 못가서 발병이 난다.

아리랑, 아리랑, 아라리요

아리랑 고개로 넘어간다.

읽어주신 모든 분들 위에 내가 믿는 하나님의 은총이 함께 하시기를 빌어 드린다.

雅蘇 드림